和歌山大学経済学部研究叢書 24
Faculty of Economics
Wakayama University

変革マネジメントの理論と実践
プロジェクトリーダーシップの役割

野間口隆郎【著】

●

Theory and Practice of Change Management
Role of Project Leadership
NOMAKUCHI Takao

東京 白桃書房 神田

まえがき

　ここに『変革マネジメントの理論と実践―プロジェクトリーダーシップの役割―』と題した書籍を，和歌山大学経済学部研究叢書から単著として出版する．この書籍は，著者が経営コンサルティングの実務をしながら，東京文京区茗荷谷にある筑波大学大学院ビジネス科学研究科企業科学専攻システムズマネジメントコース博士後期課程での研究開始から，学者の世界に転身してからの，合計約5年間にわたる研究の成果の一部である．

　本書は，変革を起こすためのプロジェクトのマネジメント方法論とはどのようなものであるかという，大きな共通のテーマで執筆した複数の論文を加筆し，まとめ直したものである．プロジェクトはイノベーションを生み出す活動であり，そのマネジメント手法であるプロジェクトマネジメントは，今や技術経営（MOT：Management of Technology）の中心的な研究テーマの1つとなっており，技術立国日本の再生のためイノベーションを起こす現実的な企業活動の方法論として，日本各地の大学・大学院で講義されるようになった．それは，理工系方面からの注目にやや偏りがあり，社会科学である経営学方面からは，あまり取り上げられない感がある．本来，プロジェクトはモノづくりにおける開発や生産のみではなく，社会や組織を変革する活動まで対象を含めるものである．本書の研究は技術（工学領域）と社会・組織（経営学領域）をまたぐ，すべてのプロジェクトという企業活動を，「変革」というキーワードで串刺しする変革プロジェクトマネジメント方法論を提示するものである．

　本書の研究では，企業が実施する変革プロジェクトの中でも，主に「IT（情報技術）」を導入するものを対象とした．企業において「IT」を積極的

に活用する戦略にもとづき，企業が組織変革を実現させるためのプロジェクトという観点で執筆した．本書の研究では「IT」導入による人や組織変革を対象としているが，ITそのものや人や，組織の変革そのものを取り扱う研究領域の内容が幅広いため，すべての内容を取り上げて考察することはできなかった．

したがって，ITや人・組織の専門領域の研究者・専門家・実務家からみると考察が尽くせていなかったり，議論が拡散したりして，雑駁かつ稚拙である研究に過ぎないとの評価をいただくことになるかもしれない．しかし，本書がITや人・組織などにおけるこの分野の研究者・専門家・実務家に対して，少しでも何らかの示唆を供しうることができれば，筆者の望外の幸いである．

筆者は20年余りの実業界での経験を経て，約3年前に研究の世界に転身した駆け出しの学者である．このような筆者に対して，学問・研究に対する姿勢や取り組み方，大学教育に関する責任の大きさについて，いつも適切なアドバイスをいただき，高い見地から方向性を示してくださった，筑波大学大学院博士後期課程時代の指導教官である木野泰伸先生ならびに中谷多哉子先生，領家美奈先生，倉橋節也先生，椿広計先生（現在統計数理研究所副所長・教授），堀内俊幸先生（現在千葉工業大学社会システム科学部プロジェクトマネジメント学科教授）に心から感謝の意を表したい．また，中央大学大学院法学研究科国際企業関係法専攻修士課程時代の指導教授である菊地元一先生（現在弁護士），慶應義塾大学経済学部時代の指導教授である飯田裕康先生（現在映画専門大学院大学教授），経営コンサルタント時代にご指導いただいた慶應義塾大学名誉教授清水龍瑩先生（故人）に心から感謝の意を表したい．これらの恩師との出会いがなければ，現在の職業である学者の世界に転身することはなかったであろう．本書の研究は，まだまだ未熟なところが多く，研究の途上のものである．そうであるものの，今後も研究および教育において，日々研鑽を重ねていくことを約束したうえで，本書の出版に至ったことを報告させていただきたい．

また，本書は，国立大学法人和歌山大学経済学部からの出版補助を頂き，和歌山大学経済学部研究叢書として出版させていただくことができた．この

ような商業ベースにはのらない研究書を出版することができるのは，この駆け出しの学者である私にとり，過分なる機会である．また，和歌山大学では，現在，最良と思われる研究・教育環境を提供いただいている．和歌山大学経済学部は海と山に囲まれた自然豊かな温暖な地である紀州和歌山にある．そして，和歌山高商時代からの歴史ある名門である．本書の出版は，その多大なるご厚意によるものである．ここに心から謝意を申し上げる．

学界でもいろいろとご指導を頂いており，多くの先生方に学会報告や研究会報告などでコメントやアドバイスを頂いたり，個人的なお付き合いの中で叱咤激励を受けたりすることで，大きな刺激を受けている．ここに記して，お礼を申し上げたい．

また，本書の研究は筆者自身のプロジェクトマネジャーとしての経験をもとにした問題意識からくる仮説構築，問題提起，方法論の提示ではあるが，多くのプロジェクトマネジャーやチェンジ・エージェント経験者の方々とのディスカッションからヒントを得ている．この場を借りて謝意を表したい．

出版に際しては，白桃書房の大矢栄一郎社長および，編集を担当していただいた矢澤聡子氏に大変お世話になりました．この場を借りて，お礼を申し上げたい．

最後に，私事にわたるが，筆者が実業界から学者の世界に転身することを喜んでくれた母，愛子，そして，本書が完成して出版に至るまでの間，私を陰ながら支えて励まし続けてくれた，妻，佳子にも感謝の意を表したいことを，一言付け加えることをお許し願いたい．

紀淡海峡を望む研究室から
平成 25 年 8 月
野間口　隆郎

目 次

まえがき

1. はじめに　　1
1.1. 研究の問題意識 …………………………………………………… 1
1.2. 研究の目的と課題 ………………………………………………… 6
1.3. 本書でもちいる用語の定義 ……………………………………… 8
1.4. 研究の視点とアプローチ ………………………………………… 12
1.5. 本書の構成 ………………………………………………………… 15
1.6. 各章別テーマの位置づけ ………………………………………… 17

2. 先行研究　　19
2.1. IT導入プロジェクトにおける組織変革に関する先行研究 ……… 19
2.1.1. 電子メールの導入による組織行動の変化　19
2.1.2. ナレッジマネジメントのためのIT導入プロジェクト　20
2.1.3. CRM導入プロジェクト　24
2.1.4. SCM導入プロジェクト　26
2.1.5. ITと組織形態・構造　26
2.2. 変革プロジェクトマネジメントの全般に関する先行研究 ……… 28
2.2.1. プロジェクトマネジメント方法論の概観　28
2.2.2. 考察　33
2.3. 変革プロジェクトにおけるプロジェクトチームに関する
先行研究 ……………………………………………………………… 34

v

    2.3.1. プロジェクトマネジャー対象による先行研究　34

    2.3.2. プロジェクトメンバー対象による先行研究　35

    2.3.3. 考察　40

2.4. 変革プロジェクトマネジメントにおける MAS による先行研究 … 40

    2.4.1. 研究手法としての MAS　40

    2.4.2. プロジェクトマネジメントにおける MAS 研究　41

    2.4.3. リーダーシップ，影響逸脱モデル，メタ規範モデルなどに関する MAS　42

    2.4.4. MAS による研究手法利用の理由　44

    2.4.5. 考察　45

2.5. 変革のステークホルダーへの導入と受容に関する先行研究 ……… 45

    2.5.1. 要求定義におけるプロジェクトステークホルダーへのインパクト分析　46

    2.5.2. チェンジ・エージェントに関する研究　47

    2.5.3. プロジェクトのステークホルダーと KPI に関する先行研究　50

    2.5.4. 考察　52

3. 変革プロジェクトのジレンマ・マネジメント　55

3.1. 変革プロジェクトのジレンマの解消 …………………………………… 55

3.2. 機器メーカーA 社　変革プロジェクトケース …………………… 56

    3.2.1. A 社の保守部品業務の現状　56

    3.2.2. IT プロジェクト実施　56

    3.2.3. 変革プロジェクトへの抵抗　56

    3.2.4. 変革プロジェクトのジレンマ分析枠組み　57

    3.2.5. 変革プロジェクトジレンマによる抵抗への対処　58

3.3. 枠組みの試行と評価 …………………………………………………… 60

    3.3.1. X 氏による試行　60

    3.3.2. X 氏の評価　62

3.4. 社会―技術システム論と変革プロジェクトマネジメント………… 63
3.5. 小括………………………………………………………………………… 64

4. ステークホルダーの変革ジレンマ・シミュレーション　65

4.1. 問題意識と背景………………………………………………………… 65
4.2. 全社変革モデルについて……………………………………………… 67
    4.2.1. 変革プロジェクトモデルの説明　67
    4.2.2. 実験用シミュレーションツールの設計開発　70
    4.2.3. 実験1およびその結果　71
    4.2.4. 実験2とその結果　72
    4.2.5. 実験3とその結果　73
4.3. チェンジ・エージェントインタビューについて………………… 74
4.4. インプリケーション…………………………………………………… 76
4.5. 小括………………………………………………………………………… 78

5. プロジェクトステークホルダー　新旧KPI比較ツールをもちいた抵抗予測　79

5.1. 目的と背景……………………………………………………………… 80
    5.1.1. 研究の目的とアプローチ　80
    5.1.2. 研究の背景　83
    5.1.3. ERP導入プロジェクトについて　86
5.2. 変革プロジェクトのチェンジ・エージェント経験者への
    インタビュー………………………………………………………… 87
5.3. 変革プロジェクト事例研究…………………………………………… 90
    5.3.1. ERP導入プロジェクトのケース　90
    5.3.2. ケースにおける新旧KPI比較　92
5.4. 新旧KPI比較ワークシートの作成…………………………………… 92
    5.4.1. 新KPI定義の方法　93
    5.4.2. 定義された新KPIと旧KPIの比較ワークシート　94

5.5. 新旧 KPI の比較ワークシート利用ガイドライン …………………… 98
5.6. プロジェクトマネジメント方法論としての妥当性の確認………… 99
5.7. 小括 ………………………………………………………………… 104

6. 変革プロジェクトに関する マルチ・エージェント・シミュレーション 105

6.1. 目的と問題意識 …………………………………………………… 105
 6.1.1. 研究の目的とアプローチ　105
 6.1.2. 問題意識　106
 6.1.3. 研究手法として MAS 利用の理由　107
6.2. 変革プロジェクト PM インタビュー …………………………… 108
6.3. 変革プロジェクト PM インタビューから MAS 設計開発 ……… 115
 6.3.1. PM インタビューからの MAS コンセプトとパラメータ
   の抽出　115
 6.3.2. PM インタビューからの考察　115
6.4. MAS 開発と実験 ………………………………………………… 117
 6.4.1. 実験用プログラムの設計開発　118
 6.4.2. 実験 1　変革不適応のいない場合　123
 6.4.3. 実験 2　変革不適応の影響の測定　125
 6.4.4. 実験 3　PM（指示 PM）人数の増減　126
6.5. PM 役割としての機能の再考 …………………………………… 128
 6.5.1. 実験 4　再考した PM 機能の個別実験　130
 6.5.2. 実験 5　PM 機能の組み合わせ実験　134
 6.5.3. 実験から得られた示唆のまとめ　136
6.6. 小括 ………………………………………………………………… 136

7. 変革プロジェクトマネジメントの 実際と方法 139

7.1. はじめに …………………………………………………………… 139
7.2. ERP 導入における変革プロジェクトマネジメントの目的 …… 140

7.3. ERPシステム導入のための組織変革マネジメントの
　　　プロセス………………………………………………………… 143
　7.3.1. 変革マネジメントチーム設置　143
　7.3.2. プロジェクトチームビルディングと活性化　144
　7.3.3. 変革リーダーシップ診断　145
　7.3.4. 変革プロジェクトマネジメント計画　146
　7.3.5. 変革インパクト分析　146
　7.3.6. 変革受容度分析　147
　7.3.7. ステークホルダー・マネジメント　148
7.4. 変革プロジェクトマネジメントの効果…………………… 149
7.5. ERP導入の変革プロジェクトマネジメントのケースについて… 150
7.6. P2Mにおける変革プロジェクトマネジメント …………… 152
7.7. 小括 ………………………………………………………… 154

8. 「三方よし」から考える
　プロジェクトマネジメント　155

8.1. 問題意識と目的 ………………………………………………… 155
　8.1.1. 問題意識　155
　8.1.2. 目的　157
8.2. 「三方よし」研究のレビュー ……………………………… 158
　8.2.1. 「三方よし」と「商人道」，そして「世間」　158
　8.2.2. プロジェクトにおけるトリレンマのマネジメント研究　162
　8.2.3. 「三方よし」研究レビューまとめ　162
8.3. プロジェクトにおける「三方よし」のケース …………… 163
　8.3.1. 星野リゾートのリゾート再生プロジェクトのケース　163
　8.3.2. 自動車メーカーA社の新車開発プロジェクトのケース　164
　8.3.3. 東北コットンプロジェクト　165
　8.3.4. ケースのまとめ　166
8.4. 小括 ………………………………………………………… 167

9. 終章 169

- 9.1. 研究の問題意識とテーマに対して……………………………… 169
- 9.2. 各章のまとめ……………………………………………………… 171
- 9.3. 今後の課題………………………………………………………… 173

付録Ⅰ　新旧 KPI 比較ワークシート利用ガイドライン　175
付録Ⅱ　新旧 KPI 比較ステークホルダー分析結果サンプル　188

参考文献　191
索引　198

1 はじめに

1.1. 研究の問題意識

　プロジェクトとは，『P2M（プロジェクト・プログラム・マネジメント）標準ガイドブック』（P2M，2007）によると，特定使命（Project Mission）を受けて，資源，状況などの制約条件（Constrains）のもとで，特定期間内に実施する将来に向けた価値創造事業（Value Creation Undertaking）である．また，それは個別性（Uniqueness＝1回限り），有期性（期限がある），不確実性（状況変化，リスク）の基本属性をもつ．その成果として個別性，差別性，革新性などに富む新しい価値が創造されるとする．その価値は「資産価値（知的資産を含む）」，「イノベーション価値」，「調和価値」の3つであるとする．つまり，プロジェクトは，変革を自ら起こすものと規定している．そこでは，程度はあるものの，プロジェクトは組織変革を伴うものと考えられる．しかし，P2MやPMBOKなどのプロジェクトマネジメント方法論は，本来的には，プロジェクトチーム内のマネジメントを主眼としているため，その内容は，オペレーションを行う組織を，変革のマネジメントの対象として方法を体系化しているものではない．

　独立行政法人情報処理推進機構（IPA）が発行している「ソフトウェア開発データ白書2010-2011」（IPA, 2011）によると，ITプロジェクトの実績評価で，QCD（Q：品質，C：コスト，D：納期）すべての項目を満たしているものは，63.8％である（図1-1参照）．

　この値を高いとみることはできないと考えるが，いいかえれば，36.2％の

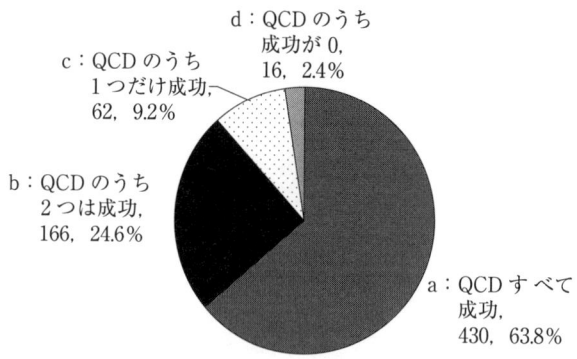

図 1-1　プロジェクトの成否（QCD）の自己評価
出所：IPA（2011）p.64 より

IT プロジェクトが，QCD のいずれかに問題を生じているということでもある．その背景には，企業組織の活動範囲が多岐にわたり，その対象とするマーケットは，グローバル化し，その業務やシステムは複雑化・大規模化していることがあげられる．そのため，EA[1]（Enterprise Archtechture）などの開発手法が取り入れられ，開発の小規模単純化が目指されているが，その傾向は続いていると考えられる．IT プロジェクトの中には，挑戦的に新たな技術や新たなやり方を取り入れ，そのプロジェクトの困難さから，QCD に問題を生じるケースがある．同じく IPA（2011）によると，新技術を採用する IT プロジェクトが 16.7％で存在している（図 1-2 参照）．そのため，情報システムは，企業の事業を支えるインフラ基盤として不可欠なものになっているが，新たな技術の導入により難易度が高くなり，情報システム開発プロジェクトの失敗が，その影響が甚大なものになり，社会問題化する状況にある．

つまり，多くの IT プロジェクトのメンバーは，新技術の利用（業務領域や言語・ツール，開発プラットフォーム）に取り組むような変革を迫られていると考えられる．また，技術の革新により，ユーザーも業務の変革を求め

---

[1] 企業組織（enterprise）の業務手順や情報システムの標準化，組織の最適化を進め，効率よい組織の運営を図るための方法論．

1. はじめに

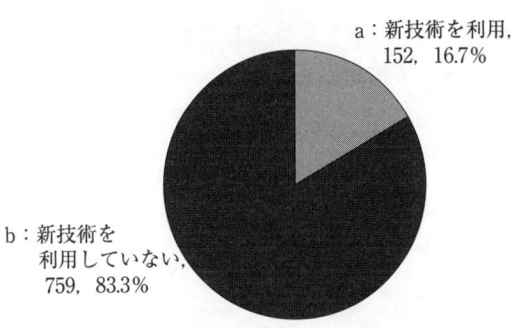

図1-2 新技術を利用する開発か否か
出所：IPA（2011）p.32 より

られることが予想できる．

そのため，ITのユーザーやプロジェクトのメンバーに対して，新たな技術ややり方への受容や適応を促すため，変革プロジェクトマネジメントがプロジェクトマネジメント方法論においては必要であると考える．つまり，プロジェクトメンバーからオペレーション組織のユーザーまでを対象とした，組織変革を目的としたプロジェクトマネジメント方法論が必要であると考えられる．

また，企業経営における変革については，ミンツバーグ他（1999）が，次のように指摘している．戦略形成とは，ある状態から次のあるべき状態へと，飛躍するプロセスであるとしている．つまり，戦略の実行にあたっては，必然的に変革（トランスフォーメーション）が必要となる．戦略が，環境の変化に適合する組織のあるべき状態への移行を要請し，それに合わせて組織を変革しなければならないとしている．

同様に，伊丹（2012）は戦略の定義の1つを「企業や事業の将来のあるべき姿と，そこに至るまでの変革のシナリオ」とする．そして，彼は「将来とは，5年先でも10年先でもよい．そうした長い時間の尺度で考えて，企業や事業のあるべき姿を示すのが，この定義での戦略の第一の構成要素である．第二の要素は，そこへ現状から至るまでの「変革のシナリオ」である．現状の延長線上では，将来のあるべき姿は達成できない．したがって，なんらかの変革の行動をとる必要がある．それをどんなシナリオでとっていったらいいのか．その方針の提示が戦略の第二の部分である」と述べている．

「あるべき姿」を描くには，どのような目標を達成したいかを示す必要がある．「あるべき」とは必ず何かの基準で「べき」が生まれてくるもので，その「べき」を与えるのが目標である．また「変革のシナリオ」とは，現状の姿を踏まえたうえでそこからあるべき姿へ変革させていくための，プランである．

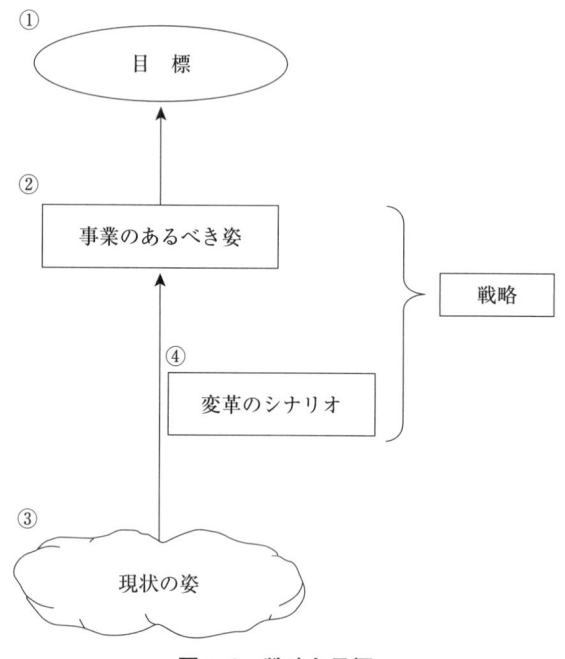

図 1-3　戦略と目標
出所：伊丹（2012）p.12 より

　図 1-3 は，事業のあるべき姿と変革のシナリオという戦略の 2 つの部分と目標および現状との関連を示した簡単な図である．図中の①から④は，戦略を策定する際の発想の順序を示している．この定義に従えば，通常のオペレーション組織の業務を離れ，目標や事業のあるべき姿，変革のシナリオを描き出す作業はプロジェクトが行うものであり，変革のシナリオの実行そのものもプロジェクトが担うものである．

　また，遠山（2007）は，1990 年代以降に「経営情報システム」概念が，SIS，BPR，SCM，CRM などの組織変革のための，IT，業務改革，ビジネ

スモデル,制度の変革を統合した概念に移行しているとしている.そのうえで,情報現象と情報システムのあるべき姿の解明が必要としている.そのことからも,情報システム導入プロジェクトは,単なる情報システムの置き換えではなく,組織構造改革やビジネスモデル改革,業務改革を伴う場合が増加してきたと考えられている.

さらに,ピーターズ&ウォーターマン(1983)は,好業績企業43社の特徴として,7つのSを抽出した.彼らの指摘した7Sは,次の通りである.

・Strategy(戦略)
・Structure(組織構造)
・System(情報システム)
・Staff(スタッフ)
・Style(経営スタイル)
・Shared Value(共有価値)
・Skill(スキル)

そして,これらのバランスが,経営には重要であることを提示した.戦略以外の6つのSは,実際に現場で戦略を実行し,戦略目的である成果を継続的に実現する手段である.たとえ優れた企業戦略が立案されたとしても,戦略自体は机上のものである.それは,ITや業務プロセスにおいて実行されて,実際の成果を生み出す必要がある.その観点においては,ITと業務プロセスは戦略実現の手段の1つであり,企業が成果を実現するための手段の1つであると捉えることができる.そのため,IT導入プロジェクトが,同時にストラクチャー(組織構造)やスタッフ(人の意識),スキル(組織や個人の能力)を変革させる,変革プロジェクトとなるケースは,今後も増加すると考えられる.

戦略論の中でも,企業環境の不確実性が高まり,企業が,そのような環境下でいかに存続・成長を実現していく能力として,ダイナミック・ケイパビリティ(Dynamic Capability,以下,DCと略す)論が登場している.それは,1980年代に米国企業は,日本企業の激しい追い上げから経営環境が大

幅に変化し，大きな変革を実施する必要に迫られたからである．同論の提唱者である Teece et al. (1997) が，提唱に至った背景は，アメリカのハイテク産業での激しいグローバルな競争の勝者となったのは，IBM，フィリップスなどのように，特定の技術的資産を蓄積し，しばしばそれを攻撃的な知的所有権政策で，守ってきた企業ではなく，企業内外のコンピタンスを効果的に調整し転換する経営能力（ケイパビリティ）を備え，タイムリーな反応と，急速で柔軟な製品イノベーションを実現した企業であるためだとする．

また，河合 (2012) は DC の定義について，不確実性の高い環境では，変化させる必要があるのは資源だけではなく，戦略も同様だとする．そのため，資源を時間の推移とともに変化させる能力を DC と呼ぶのであれば，同様に戦略を変化させる能力も DC と呼ぶべきとし，戦略と資源を同時に変化させる能力と定義した．つまり，DC は狭義には戦略 DC と資源 DC があり，その総合的な能力が広義の DC としている．

プロジェクトマネジメント方法論のデファクトスタンダードである，PMBOK (2009) では，組織の活動はオペレーション（定常業務）とプロジェクト（新たな成果を生み出す業務）に分類しており，変革を起こすもの，変革を導入するものをプロジェクトとして捉えている．つまり，DC が想定する，戦略の組み換えと資源の組み換えを起こす活動は変革プロジェクトと捉えることが自然であると考えられる．いい換えると，変革プロジェクトのマネジメント方法論を使いこなすことが，DC の一部であると考えられる．そのため，本書の扱う研究領域の発展が必要だと考えた．

1.2. 研究の目的と課題

本書の研究の大きな目的は，変革プロジェクトにおけるプロジェクトステークホルダー（ユーザー）の抵抗やプロジェクトメンバーの不適応への対処に関する有効な対処（プロジェクトマネジメント方法論）を得ることである．そのため，変革プロジェクトの代表的なものとして，統合型パッケージソフトウェアの一種である ERP (Enterprise Resource Planning) などの情報システム (IT) 導入により，企業組織を変革することを目的としたプロ

ジェクトを，研究対象としている．そして，プロジェクトマネジメント方法論において，これまで着目されていない，変革プロジェクトマネジメント方法の提案を行うものである．

変革プロジェクトの代表例として，IT導入プロジェクトを研究の対象として選定した理由は，IT導入プロジェクトはプロジェクトの中でも，計画と実際の結果が，他の種類のプロジェクトよりも，正しく記録されているケースが多い，組織体制も明確である場合が多い．また，研究対象として取り組む場合には，対象とできるケースが確保できるため，サンプルを探索することが，比較的可能であると考えられるためである．

ヘーゲルⅢ世＆シンガー（2001）やマローン（2004）は，ITが組織に与える変革に関して，情報社会が進展することによって，私たちの生活にもたらされた様々な環境変化の範囲は拡大するとともに，その影響度合いは大きくなっているという．そして，情報社会で取り扱われるデジタル化された情報においては，情報そのものを統一的な単位として扱うことができて，情報のやりとりを行ううえでの物理的な距離や場所が関係なくなるとともに，品質の保持（劣化しない），情報の圧縮（多チャンネル化），情報加工の容易性，情報通信の高速処理性，情報検索の容易性，情報伝達のリアルタイム性，情報の双方向性，長時間記録が可能であるなどの特性があるとする．そのうえで情報社会を支えているオープン・ネットワーク上においては，ITの活用による様々な情報の共有化や情報の統合化，さらには情報の標準化を行うことで，新しいビジネス（New Business）が生み出されるとともに，新しいサービス（New Service）の提供による社会の変化が生み出されるようになったとする．

このような情報社会の進展が，企業を取り巻く様々な環境に変化を引き起こした状況のもと，企業はITを積極的に活用することで，それまで実現が不可能だと思われていた経営戦略を次々に取り入れようとしている．それは，アウトソーシング（Business Process Outsourcing），ファブレス化（Fabless），EMS化（Electronics Manufacturing Service），企業のモジュール化（Modularized Enterprise），アンバンドリング（Unbundling），オープンイノベーション（Open Innovation）などである．これらは，企業の

境界を曖昧にし，人々の働き方がプロジェクトへのアサインベースとなり，企業への所属の仕方も曖昧になり，労働者や組織を大きく変化させているとする．つまり，IT 導入プロジェクトによる組織の変革は，非常に大きいとみることができるため，その対象として選択したともいえる．以上を踏まえて，本書の研究は，IT 導入プロジェクトを研究対象とした．

そして，本書の研究の念頭にあるテーマは，大きくは以下の2つである．

・新たな技術や新たなやり方を採用した変革プロジェクトにおける，プロジェクトメンバーによる不適応に対するマネジメント方法論とはどのようなものか．
・変革プロジェクトの生み出す新たな成果の導入における，プロジェクトステークホルダー（ユーザー）の抵抗に対するマネジメント方法論とはどのようなものか．

本書の3章から8章は上記2つのテーマのどちらかであるか，もしくは両方を念頭に置いて執筆されたものである．

1.3. 本書でもちいる用語の定義

本書の研究の主要な用語の定義は，表1-1の通りである．本書の研究の主要な用語の定義は，主にPMBOK（2009）に準拠しており，表1-1のように，プロジェクト，オペレーション，プロジェクトステークホルダーなどがあげられる．

また，「変革プロジェクト」は，プロジェクトチーム内だけを指す場合の狭義のものと，関係するオペレーション組織まで範囲を広げた，広義の場合があると考えられる（図1-4参照）．表1-2に示している，2つの「変革プロジェクト（狭義および広義）」と，そのマネジメントに関する用語は，PMBOK（2009）をもとに筆者が独自に定義した．

図1-4は，その2つの変革プロジェクトの関係を示した概念図となる．また，図1-4は，時間軸をもとに変革プロジェクトの変遷を図示したものでも

1. はじめに

表 1-1　主要用語の定義

用語	定義
プロジェクト	オペレーション（定常業務）に対して，「人が実施する」「限られた資源という制約を受ける」「計画，実行，コントロールの対象となる」という性質は共通だが，有期性，独自性，段階的詳細化が高い．目標を達成して終了することが目的の活動（PMBOK, 2009）．
オペレーション（定常業務）	プロジェクトに対して，「人が実施する」「限られた資源という制約を受ける」「計画，実行，コントロールの対象となる」という性質は共通だが，継続的で反復的である活動（PMBOK, 2009）．
広義のプロジェクトステークホルダー	プロジェクトステークホルダーとは，プロジェクトに積極的に関与しているプロジェクトの実施，あるいは完了の結果が，自らの利益にプラスまたはマイナスの影響を受ける個人や組織である．つまり，ユーザー，オーナー，プロジェクトメンバー，プロジェクトマネジャーを含む（PMBOK, 2009）．
狭義のプロジェクトステークホルダー	本書の研究では，プロジェクト内部のマネジャーやメンバーと区別するため，狭義にユーザーを指すこととしている．ここで，ユーザーはプロジェクトの成果物を使用する人，または組織を指す（PMBOK, 2009）．
プロジェクトメンバー	PMBOK（2009）が定義するプロジェクトチームメンバーのことで，プロジェクト作業を行っているグループの個々人．
プロジェクトマネジャー（PM）	PMBOK（2009）では，プロジェクトマネジャー（PM）を「プロジェクトをマネジメントすることに責任をもつ人」としているが，本論では，PMBOKの定義するプロジェクトマネジメントチーム（プロジェクトチームメンバーのうち，プロジェクトマネジメント活動に直接関与しているマネジャークラス）のすべてをPMとしている．
チェンジ・エージェント	社会学における社会変革推進者，ロジャーズ（1990）によると，変革の普及対象者のイノベーションの採用決定を促す役割をもつ個人としている．

ある．一番左側では，オペレーション組織が，既存の経営環境に適応しており，順調にその運営が行われている．そこに，経営環境の変化が生じると，何らかの問題が生じ，その運営が不調となってくる．そして，変革が必要であるのか，それとも簡単な部分的な対処で対応ができるのかどうかが，わからない状態が起こる．さらに，組織的な検討から，大きな変革が必要であるという認識がなされると，変革プロジェクト（狭義）が編成される．そうすると，オペレーション組織側において，変革の導入へのプロジェクトステークホルダーの抵抗が起こり，プロジェクト側では，新しい技術や方法に対するプロジェクトメンバーの不適応が起こる．最終的に変革が成し遂げられるためには，プロジェクトステークホルダーが抵抗から受容に変化し，プロジ

表 1-2 変革プロジェクトの定義

用語	定義
変革プロジェクト（狭義）	新たな成果（変革）を生み出すために，新たな技術や新たなやり方で，実施するプロジェクト（PMBOK（2009）をもとに定義）．この場合には，プロジェクトチーム内だけを指す場合の狭義のものとなる．
変革プロジェクト（広義）	オペレーション組織に，これまでとは異なる新たな成果（変革）を導入することを目的としたプロジェクト（PMBOK（2009）をもとに定義）．この場合には，関係するオペレーション組織まで範囲を広げた広義のものとなる．
変革プロジェクト（狭義）のマネジメント	変革プロジェクト（狭義）において，新たな技術や新たなやり方に対するプロジェクトチーム内のメンバーの不適応へ，対処するためのマネジメントのこと．
変革プロジェクト（広義）のマネジメント	変革プロジェクト（広義）において，これまでとは異なる新たな成果を導入されるオペレーション組織（プロジェクトチームの外側）のユーザーの抵抗へ，対処するためのマネジメントのこと．

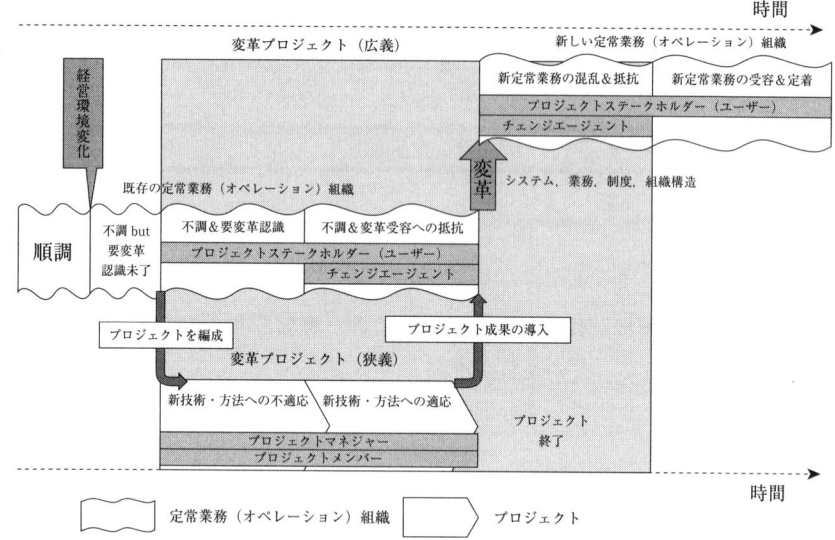

図 1-4 変革プロジェクト概念図

ェクトメンバーが新しい技術や新しいやり方に適応し，変革プロジェクトが新たな成果を生み出し，オペレーション組織が新しいオペレーション組織に移行される．図1-4は，それらの一連のプロセスを図示したものでもある．

本書の研究では，プロジェクトメンバーに対しては「不適応」，ユーザー（狭義のプロジェクトステークホルダー）に対しては「抵抗」と，それぞれ似た概念を利用している．その違いを明確にするため，表1-3に，その2つの概念を定義した．

プロジェクトメンバーが，新しい技術や新しいやり方に対して積極的にならない状態を，社会心理学における社会ルールの逸脱である「不適応」の概念を援用して研究を行う．そのため，その「不適応」の概念を取り入れている（変革プロジェクトへの「不適応」の場合は，それがわかるように「変革不適応」と記載している場合がある）．一方，プロジェクトステークホルダーが，新しい情報システム（ERP）の導入に対して利害から受容に反発する状況として，PMBOK（2009）で使われている「抵抗」を取り入れた．

また，5章を報告するための，主要な用語であるKPI（Key Performance Indicator：重要業績評価指標）の定義を述べる．KPIの定義は，キャプラン＆ノートン（2001）にもとづいている．彼らは，「KPIはTQM（Total Quality Management：総合的品質管理）を実施してきた製造業によくみられる」としている．そのうえで，「戦略を達成するためのプロセスや進捗度を評価するための業績評価指標である」と定義している．本書の研究では，その定義に従っている．よって，KPIは，評価者の主観的な印象で業績を評価するのではなく，何らかの定量データにもとづき評価するための指標と

表1-3 「不適応」と「抵抗」の定義

用語	対象	領域	本書の研究での定義
不適応	プロジェクトメンバー	社会心理学（少年の非行などの社会ルールに対する逸脱行動やその心理）	プロジェクトが採用した新しい技術・やり方を習得したり，利用したりするプロセスにおいて，自分自身の欲求や目的との差から積極的な心理状況になれないこと．
抵抗	ユーザー（狭義のプロジェクトステークホルダー）	PMBOKなどのプロジェクトマネジメント方法論	プロジェクトが新たに生み出す革新的な成果の受容を迫られる個人が利害から反発する状況のこと．

いうことである．つまり，KPIにより組織や個々人は，その測定された業績が，期待された成果を残せていれば，良く評価され，期待された成果に満たない場合には，悪い評価となると考えられる．

独立行政法人労働政策研究・研修機構（2004）の調査によると，今後3年間で人事評価に成果を重視するとした日本企業が88.1％（「あてはまる」の42.4％と，「ややあてはまる」の45.7％の合計）である．日本企業においても，成果主義人事評価が導入される割合が急速に高まっており，KPIによる業績評価は報酬や昇進・降格と連動する場合が多いとも考えられる．

また，本書の研究におけるプロジェクトマネジメント方法論の策定については，PMBOK（2009）に準じている．PMBOK（2009）は，プロジェクトの成功の可能性を高めると一般に認められている，良い実務慣行（ベストプラクティス）を方法論として取り入れているとしている．本書の研究の題名にある，「変革プロジェクトマネジメントに関する方法論」は，プロジェクトのステークホルダーである，プロジェクトメンバーとユーザーが，変革プロジェクトにおいて，示す場合がある「不適応」や「抵抗」について対処をすることで，その「適応」や「受容」を促進し，変革プロジェクトの成功の可能性を高める，プロジェクトマネジメントにおける実務慣行のことを指すものとする．

1.4. 研究の視点とアプローチ

オペレーション組織において，変革の必要性が生じると，それを認識したオペレーション組織の人々が別の組織としてプロジェクトチームを編成する．そうすると，オペレーション組織の人々は主なプロジェクトステークホルダーとなる．そして，プロジェクトチームがプロジェクトを実施し，変革のための成果（例：新しい戦略，新しい情報システム，新しい組織構造，新しい業務，新しい制度など）を生み出すことになる．その変革の成果がオペレーション組織に導入され受容されることにより，新しいオペレーション組織が生まれることとなる．

また，その際には，オペレーション組織のプロジェクトステークホルダー

(ユーザー) が導入を受容するための，仲介役となるチェンジ・エージェントを必要とする．チェンジ・エージェントは，プロジェクトの生み出した変革のための成果の導入を，ユーザーに受容させるためには，導入に対する抵抗感を緩和する対処をとらなければならない．さらに，プロジェクトメンバーを新たな技術や新たなやり方に適応させるためには，プロジェクトマネージャー（以下，PM と略す）による，その不適応に対する何らかの働きかけが必要でもある．

そのため，本書の研究では，その変革プロジェクトに対して，次の2つの視点から，研究を進めた．

1. 変革プロジェクトにおける，ステークホルダーの変革への抵抗への対処方法
2. 変革プロジェクトにおける，プロジェクトメンバーの不適応への対処方法

図 1-5 は，その変革プロジェクト概念図において，その視点の位置づけを表したものとなる．

すべてのプロジェクトは，図 1-5 の概念図のような活動であると考えられる．しかし，変革プロジェクトは，その生み出す成果の革新性が高いものとなる．そこでは，これまでにない成果を目標とするため，経験したことのない新しい技術や新しいやり方が採用される場合がある．その新しい技術や新たなやり方に対するプロジェクトメンバーの行動や取り組み方に関する問題と，これまでに経験したことのないプロジェクト成果を導入されることに対して，狭義のステークホルダーであるユーザーが，受容できるかどうかという問題がある．

本書の研究では，マルチ・エージェント・シミュレーション（以下，MAS と略す）をアプローチとして採用している．MAS を採用した理由としては，このような実際的な問題に対する研究は，失敗した際の影響が組織に対して大きいため，実験するように試行的に行うことができない．また，変革プロジェクトは，独自性が高い一時的な取り組みのため，オペレーショ

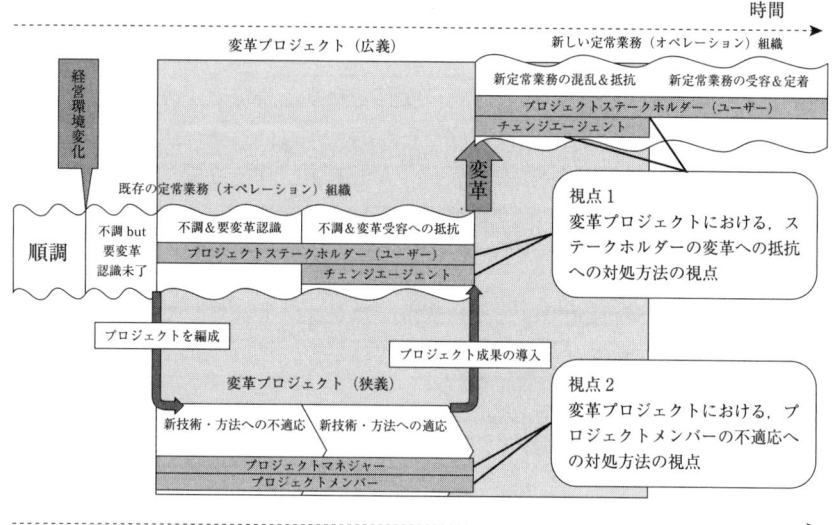

図1-5　変革プロジェクト概念図と研究の視点

ン組織での活動のように，同様な活動を再現することが難しい．そのため，変革プロジェクトにおけるシミュレーション研究を行うことに意義があると考えられる．本書の研究では，プロジェクトメンバーやステークホルダー，PM，チェンジ・エージェントの行動を個々のエージェントとしてシミュレーター上（本書の研究では構造計画研究所のArtisoc2.6を利用している）でプログラム設計し，変革プロジェクトシミュレーションを開発した．そのシミュレーションの実験から得られた示唆からプロジェクトマネジメント方法論の提言を試みている．

　また，本書の5章におけるプロジェクトマネジメント方法論の策定アプローチについては，PMBOK（2009）に準じている．PMBOK（2009）は，プロジェクトの成功の可能性を高めると一般に認められている，良い実務慣行（ベストプラクティス）を方法論として取り入れているとしている．この研究のアプローチ方法は，ケースの考察から得た方法を，複数の有識者の意見をもとに，その妥当性を判断する一般的なアプローチ方法である．PMBOK（1987, 1996, 2000, 2005, 2009）やP2M（2001, 2003, 2004, 2005, 2007）など

は，上記のようなプロジェクトマネジメント方法論策定の一般的アプローチで作成されている．そのため本書では，筆者が実際に経験した変革プロジェクトにおけるケースを例示して考察する．また，その考察から，ツールを開発し，プロジェクトマネジメント有識者でもあるチェンジ・エージェント経験者に，そのツールの妥当性を評価してもらうこととする．

1.5. 本書の構成

　本書の3章から8章については，学会や学術誌に既に発表した論文がベースとなっている．そのベースとなった論文は，以下の通りである．ただし本書に収録するにあたっては，本書が研究叢書という位置づけではあるものの，実務家や一般の読者を想定しているため，冗長な部分や説明が不足している部分について大幅に書き改めた．

　3章：「変革プロジェクトのジレンマエージェント・シミュレーション」『情報処理』第51巻第5号，情報処理学会，2010年5月．

　4章：「変革プロジェクトに関するエージェントシミュレーション」『プロジェクトマネジメント学会2009年度秋季研究発表大会予稿集』プロジェクトマネジメント学会，2009年9月．

　5章：「変革プロジェクト構想におけるステークホルダーKPI定義」『国際プロジェクト・プログラム・マネジメント学会誌』第5巻第1号，国際プロジェクト・プログラム・マネジメント学会，2010年9月．

　6章：「変革プロジェクトのリーダーシップに関するシミュレーション」『経営行動科学』第25巻第1号，経営行動科学学会，2012年4月．

　7章：「P2MとERP導入プロジェクトにおける組織変革マネジメント」『国際プロジェクト・プログラム・マネジメント学会誌』第3巻第2号，国際プロジェクト・プログラム・マネジメント学会，2009年4月．

　8章：「「三方よし」から考えるプロジェクトマネジメント」『国際P2M学会2011年秋季研究発表大会予稿集』国際P2M学会，2011年9月．

　本書の研究の構成は，次の通りである．

　1章では，問題提起，研究に至った背景や問題意識，研究の目的，研究方

法，本書の構成などについて述べた．

2章では，先行研究レビューを実施した結果を報告する．2章の目的は，「1.4. 研究の視点とアプローチ」で述べた「1. 変革プロジェクトにおける，ステークホルダーの変革への抵抗への対処方法」および「2. 変革プロジェクトにおける，プロジェクトメンバーの不適応への対処方法」に関連して，これまでどのような研究が行われてきたかを概観し，本書の研究との立場の違いを明確にすることである．

3章では，IT導入を伴う変革プロジェクトにおいて，ステークホルダー（主にユーザー）が陥るジレンマをどのように解消するかという方法について論じる．

4章では，MASを用いて，3章で扱ったステークホルダーのジレンマに対して，チェンジ・エージェントの行動について検討する．そのシミュレーション結果を妥当性の確認を，IT導入プロジェクトにおけるチェンジ・エージェント経験者へのインタビューから確認する．

5章では，プロジェクトステークホルダー（ユーザー）の変革への抵抗予測をテーマとして，「プロジェクトステークホルダー新旧KPI比較ツールをもちいた抵抗予測」を検討する．

6章では，変革プロジェクトにおけるプロジェクトメンバーの不適応の影響と対処方法をテーマとして検討する．「変革プロジェクトにおける不適応に関するMAS」を検討する．変革プロジェクトを推進するうえで，不適応メンバーが及ぼす影響に関する示唆を得るため，MASの手法により実験と考察を行う．

7章では，それまで機能ごとの情報システムを，個々にスクラッチにより開発し，利用してきた組織がERPという統合された情報システムを全社的に利用する場合，つまり変革プロジェクトの代表的な一例であるERP導入プロジェクトにもとづき変革プロジェクトマネジメントを実施する必要があることを論じ．PMBOK（2009）やP2M（2005）などの既存のプロジェクトマネジメント方法論に対して，新たな変革プロジェクトのマネジメント方法論を提示する．

8章では，プロジェクトマネジメント方法論において，QCD（品質，コス

ト，納期）を包含した形でより広い社会的責任を果たす経営指標が必要であることを考察する．そのため，「三方よし」（売り手よし，買い手よし，世間よし）に着目している．プロジェクトの最も重要な業績指標を QCD とし，これはトリレンマ（3つの相反する課題）を克服することであるといえる．しかし，環境・安全に配慮したプロジェクトの社会的責任を果たすために，ステークホルダーすべてを考慮されている指標だとはいい切れない．そのため，QCD を包含した形でより広い社会的責任を果たす経営指標として，近江商人の経営理念である「三方よし」を検討する．それにより，プロジェクトメンバー，ユーザー，ステークホルダーという三方の調和を論じる．

終章である9章では，得られた知見をまとめ，残されている今後の課題について述べる．

1.6. 各章別テーマの位置づけ

3章から8章の位置づけと，「1.4. 研究の視点とアプローチ」で述べた2つ

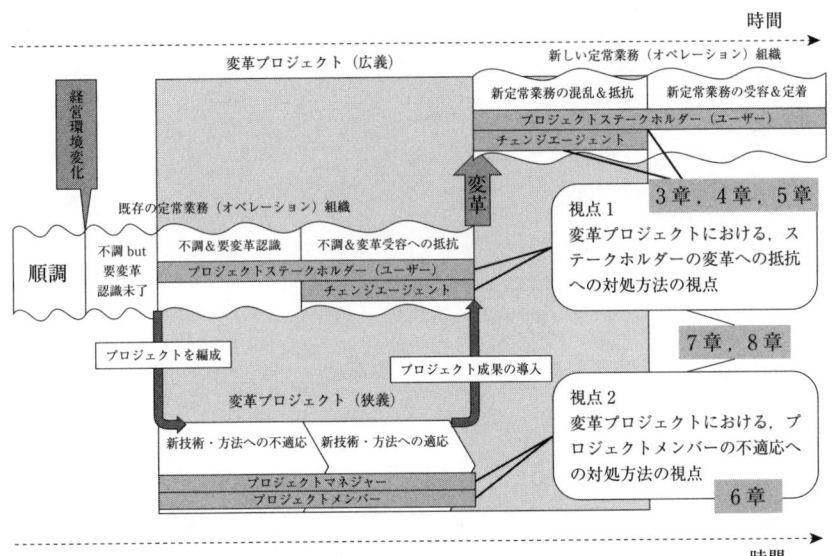

図1-6　各章と2つの視点との関係

の視点との関係により位置づけを説明すると，図1-6となる．

　図1-6にあるように，本書の研究では，次の2つの視点から，研究を進める．3章から8章をそれらにマッピングすると，「1. 変革プロジェクトにおける，ステークホルダーの変革への抵抗への対処方法」の視点にのみ対応する章は，3章，4章，5章であり，「2. 変革プロジェクトにおける，プロジェクトメンバーの不適応への対処方法」の視点にのみ対応する章は，6章である．そして，前述の2つの視点両方に対応する章は，7章，8章である．

2 先行研究

本章では，先行研究レビューを実施する．先行研究の対象として，まず，IT プロジェクトにおいて組織変革が必要であることを提示している研究を概観する．そして，「変革プロジェクトマネジメント全般」に関する先行研究と，本書の研究の2つの視点である「1. 変革プロジェクトにおける，ステークホルダーの変革への抵抗への対処方法」，「2. 変革プロジェクトにおける，プロジェクトメンバーの不適応への対処方法」に関する研究を概観する．そして，本書の研究との立場の違いを明確にする．

2.1. IT 導入プロジェクトにおける組織変革に関する先行研究

ここでは，IT 導入プロジェクトにおける組織変革に関する研究について概観する．IT 導入プロジェクトを推進していくうえで，人，組織，リーダーシップの変革が必要であるとする先行研究がされてきた．それらにおいて変革マネジメントが，どのように扱われているかを概観する．

2.1.1. 電子メールの導入による組織行動の変化

Scott Morton (1991) は，情報技術が発展して，各人の情報処理能力やコミュニケーション能力が著しく向上すると，組織構造や職務内容にも大きな影響があると述べる．たとえば，従来は管理者が多くの部下の情報を集中的に処理して部下の作業調整を行う集権的構造であったのに対して，電子メールやグループウェアを通じて部下同士が直接に作業の調整ができるようにな

れば，作業の調整に関する管理者の権限は少なくとも一部が部下に委譲されることになる．また，このように情報機器によるコミュニケーションが普及することによって，組織のどの職務にあっても，その情報機器の操作が不可欠となるように職務内容が変わることになることを事例研究により主張した．

IT化の具体的内容や部門によっては，上記のフラット化だけではない傾向を示した実証研究がある．山口（2000）は，営業活動を業務とする部署については，ITを活用した組織情報システムの導入以降に，どの営業担当者も他の営業担当者との情報交換や意見交換よりも，直属の上司とのコミュニケーション偏重の傾向が高まることを報告している．その際には部下は上司にIT経由で活動報告を届け，戦略や具体的対応策の指示を仰ぐ傾向が強まることも報告している．ITにより営業担当部署として素早い情報共有と問題解決，戦略的意思決定を行うためリーダーの役割がより重要な状態に変化したとしている．

山口（2000）の分析では「情報交換のフラット化が起こらなかったこと」をそのまま「組織のフラット化が起こっていない」と分析しているが，新米営業マンは経験豊富な先輩営業マンのノウハウを共有情報データベースから知ることができるため，情報交換の必要のないフラットな組織になったと考えることもできるであろう．IT化によりもたらされる人・組織の変化は，どのようにIT化を行うかによって異なるため，その個々の変化のあり方について網羅的に類型化を行いそれぞれについての抵抗や障害への対応方法を検討する必要があると考える．

2.1.2. ナレッジマネジメントのためのIT導入プロジェクト

Orlikowski（1992）は，グループウェアの例を題材に，ITが設計者や導入者の意図しない形で使われる場合もあるということを報告している．こうした「意図せざる結果」も，しっかりと認識したうえで，ナレッジマネジメントに取り組んでいくことが求められるとする．

ナレッジマネジメントは，野中・竹内（1996）が，1980年代当時，世界的に注目された日本企業における製品開発プロセスを中心に研究し，個人の

知識を組織の知識へと転換し，新たな知識を創造していくプロセスをモデル化した理論である．そして，「情報処理パラダイム」（組織を情報処理システムとして捉える考え方）を超え，組織を知識創造の主体としてみる考え方である「組織的知識創造理論」を提案している．組織的知識創造理論が新しいマネジメントの理論として注目される一方，知識を中心としたマネジメントの経営手法も探索されるようになってきた．そこで，重要な資源である知識を伝達し，蓄積し，活用し，創造していくための道具（ツール）が求められるようになる．こうして誕生したのが，情報通信技術を積極的に活用するナレッジマネジメントツールである．

中西（2003）によると，ナレッジマネジメントの概念は広範囲にわたるため，基幹業務系のERP（Enterprise Resource Planning）のパッケージやCRM（Customer Relationship Management）やSFA（Sales Force Automation）のためのツールも，そのツールに含められる場合もあるとする．そして，知識という視点からみれば，ほとんどの情報システムは，ナレッジマネジメントのツールとして活用できるとする．また，エージェント技術やオントロジー，エキスパートシステムなど，人工知能を基盤としたツールも含める場合があるとする．

Martiny（1999）および寺本・中西（2001）は，HPコンサルティングのケースを分析して，ナレッジマネジメントツール（IT）導入を推進していくためには，組織文化の変革が不可欠であるとする．MartinyはHPコンサルティングのナレッジサービスマネジャーである．彼によると，ナレッジマネジメントの人間的側面は難しい部分であるとする．それは，組織が個人知を組織知へと動かす，強い基盤を創造することを含むためであるとする．そこでは，知識の共有と再利用の行動をつくり出すことを組織自らが促進し，共同の知恵（Collective Wisdom）に至るとする．

当初，同社ではグループウェア（IT）とナレッジリポジトリのツール（IT）という技術的側面に焦点を当ててナレッジマネジメント導入プロジェクトを進めていったという．だが，この試みは失敗に終わった．それは，情報技術と業務プロセスが統合されていなかったり，データベース上の情報が，組織メンバーにアクセスしやすいような形で構造化されていなかったり

したからであるとされた．その後の同社のプロジェクト活動は，情報技術の導入ではなく組織変革に焦点を当てたものになったとする．そこでまず，次のような目的のプロジェクトが立ち上げられた．

・成功と失敗から自省し，学習する時間の設定
・コンサルタント間で知識と経験の共有を促進する環境の創造
・他のコンサルタントに役に立つベストプラクティスや再利用可能なツール・ソリューションの共有の促進

当時の HP コンサルティングが行ったこのプロジェクトのアプローチは，まさに組織変革のアプローチそのものであり，「ゆさぶり（mobilization）」，「ビジョン（vision）」，「デザイン（design）」，「変革（transition）」という 4 ステップの変革モデルが使われたとする．パイロットチームの目的は，個々人の頭の中にある知識を組織全体で共有することが目的であった．多くの企業においては，もっぱらデータベースやマニュアルや方法論など形式知の共有に焦点を当てているが，HP コンサルティングのチームは，形式知のみが組織メンバーの知識ではないことを実感したとする．そのため，彼らは，「学習コミュニティ（Learning Community）」の形成に着手した．「学習コミュニティ」とは，組織のカベを越えたインフォーマルな人々のグループで，そのグループが学習したいベストプラクティスや課題，スキルについて議論するものである．つまり，通常の定常的な業務組織（オペレーション組織）以外のプロジェクト組織を設置している．これによって，時間の短縮や生産性の向上のみならず，暗黙知の共有によって，他のメンバーのノウハウも向上したという．その後パイロットプログラムは，全社的に展開されたとする．そして，一連のナレッジマネジメントの推進活動を通じて，HP コンサルティングは以下のようなことを学習したとする．

・明確な支援とモチベーションを通じたリーダーシップが変革の基盤として必要である．
・スポンサー（上級経営陣）は伝道者（evangelist）でもあり，役割モデ

ル（role model）でもある．
- ナレッジマネジメントは単なるプログラムではなく，包括戦略と組織設計の中に組み込まれる必要のある新しい働き方である．
- すべての知識に等しい価値があるわけではない．ビジネス戦略を明確にし，重要なビジネスナレッジに焦点を当てるべきである．
- ナレッジマネジメントは知識を共有・創造するためのプロセスに始まり，ナレッジ・フレンドリーな文化によって維持される．
- もし，それが望ましく期待される行動と感じれば，人々は喜んで知識を共有し，再利用する．連続的なナレッジの創造活動を生み出そうとすれば，そうした行動に報酬を与える必要もある．
- 技術は，ドライバーではなく，イネブラーである．

その後，知識共有と再利用を目的とした知的資本の構造化は，HPコンサルティングの戦略の一部となり，ナレッジマネジメントのプロセスは，組織メンバーの日常の業務プロセスに統合されたとする．

また，同じく寺本・中西（2001）は，ユナイテッド・テクノロジーズ社（United Technologies Corporation：UTC）のナレッジマネジメント導入プロジェクトを検討している．UTCは世界183カ国に6カンパニー，1900のオフィスをもち，従業員15万人をかかえる．UTCは主にM&Aによって成長を遂げた巨大製造業コングロマリットであり，分権化された各カンパニーが扱う事業や技術には，必ずしも高い関連性があるわけではない．現在あるカンパニーは，航空機エンジンを取り扱うプラット・アンド・ホイットニー社，空調機・業務用冷蔵設備事業のキャリアー社，エレベーターのオーチス社，航空宇宙製品サプライヤーのハミルトン・サンドストランド社，ヘリコプターのシコルスキー社，燃料電池のインターナショナル・フューエル・セルズ社の6つである．ナレッジの獲得は，情報の獲得とは異なるとした．人によって意味づけされてはじめて，情報はナレッジに変わる．つまり，人間が介在することが重要だとしている．

ナレッジの共有には，信頼関係が必要である．信頼関係がなければ，ナレッジを自発的に共有しようという動きは起こらない．したがって，企業の価

値基準や企業文化の変革がナレッジマネジメント（IT）の導入において非常に重要な要素になってくるとする．そのうえで，UTC のケースでは，企業の価値基準や企業文化の変革の実現には，以下の6つの要素が重要であったとする．

・選任チーム
・トップマネジメントへの協力要請
・エキスパートの選出
・残すべきナレッジの選別
・ナレッジの棚卸
・ナレッジの方向性の提示

この，同社のケースで「選任チーム」にあたるのが，カンパニーを超えた UTECA（United Technologies Engineering Coordination Activities）と呼ばれる研究開発のクロスファンクショナルグループであるとする．そして，「トップマネジメントへの協力要請」としては，技術担当上級副社長および取締役会にプロジェクトのサポートの保証をとりつけているとする．「エキスパートの選出」としては，ミドルマネジャーに，最前線の現場において誰がエキスパートかを正しく評価させ，彼らをこのプロジェクトに関与させており，「残すべきナレッジの選別」としては，共有すべきナレッジとそうでないナレッジの選別を非常に重視している．彼らは，無駄のない（lean）ナレッジを蓄積したとする．「ナレッジの棚卸」としては，ナレッジマップを作製し，ナレッジと業務との新たな関連性を常に付け加え，陳腐化を防ぐとしている．「ナレッジの方向性の提示」としては，シニアマネジャーのトップダウンがあったとしている．

2.1.3. CRM 導入プロジェクト

歌代（2007）は，情報技術を活用して，リレーションシップ・マーケティングの概念を実現する経営手法が CRM（顧客関係性管理）であるとする．そして，リレーションシップ・マーケティングは「関係性パラダイム」とい

う考え方にもとづいているとする．そこでは，顧客は企業における製品開発などの業務プロセスに積極的に関与する能動的な主体であるとみなされている．また顧客を属性や取引実績に応じて識別し，自社と顧客を1対1の関係で捉えている．そして需要はもともと潜在的に存在しているのではなく，企業と顧客の双方向的な関係の中で生み出していくというマーケット・インと呼ばれるプル型のアプローチをとるとする．これは企業と顧客が協調的な関係を構築するという長期的な視点でのやりとりに着目したものである．

そして，歌代（2007）によると，CRM や SFA は，単に情報技術を導入するだけでは期待した効果を得られないとする．導入効果を生み出すためには，組織を変えることが求められるとする．CRM では，誰が顧客ナレッジの分析を行うのかという問題がある．データ・マイニングのツールは，かなり使いやすいものが揃ってきたとはいえ，あまり情報技術の操作が得意でない人や，きちんとした統計解析の知識をもっていない人には，使いこなすのは難しい．その場合，専門的な担当者がマイニングを行うことになる．

しかし一方で，その専門担当者は，マーケティングの実務にはあまり詳しくない場合が多い．このように分析する人と実行する人が違うと，たとえばどのような組織をつくり，誰にどのような権限や責任を与えていくのか，いかにしてコミュニケーションをとっていくのかといった点について，本来の組織を見直す必要があるとする．

また SFA については，営業担当者が入手したデータを電子化していくうえで抵抗があるとする．営業担当者が取引先から入手した，小売店や競合他社，消費者に関するデータは，担当者自身も明確に認識できていない暗黙的なものが多い．それを社内で共有できるような形式的な形にするには，それなりの労力が必要となる．そのような作業は，日々の営業活動に付加して行わなければならないが，じっくりと取り組んでいる時間もない．まして自分が入手した貴重なデータを共有することについて，組織が何らかの評価をしてくれなければ，割に合わないと感じ，積極的には取り組まない場合があるとする．よって，営業担当者をどのような制度で評価し，またどのようなインセンティブを与えていくのかといった点を，新たに検討する必要があるとする．そして，このような組織変革を伴った情報技術の導入は，短期的には

劇的な効果を得られないかもしれない．しかし長期的な視点で取り組むことによって，競合他社がまねのできないような，独自のマーケティング情報システムを構築でき，それが組織の能力となって企業の競争力に結びつくと考えられるとする．

2.1.4. SCM導入プロジェクト

Mentzer & Moon（2005）によると，SCM（サプライチェーン・マネジメント）の導入には以下のような3つの組織変革が伴うとする．第1は，需要予測を責任もって行う組織の設定である．その組織設定には，既存のある部門が行う「集中型」，各部門がそれぞれ行い，それをすり合わせる「交渉型」，予測を専門に行う，組織横断的なタスクフォースが担当する「合意形成型」があるとする．第2は，予測を担当する組織と機能部門との「やりとり」についてであるとする．たとえば販売データや在庫データのような電子データや，電子化しにくい，定性的なデータの共有，目標や問題の共有，命令や指示，さらには意見が食い違うときの対話などを行う変革が必要になるとする．第3は，需要予測に対する経営トップの認識向上である．上記で説明した，どのような組織的アプローチを採用するのか，さらにはどのような責任を与えるのかといった課題は，利害が対立している当事者だけで決められない．経営トップがリーダーシップを発揮して，関連部門のマネジャーやスタッフが，全体最適な視点で業務に取り組める環境づくりを行うように自らを変革しなければならないとする．

2.1.5. ITと組織形態・構造

島田（1991）は，アンケートや面接調査により，IT導入による組織構造の変革について，「集権化・分権化」，「階層型組織構造」，「中間管理職」の3つの観点で調査を行い，次のように結論づけた．ITは過渡的には集権化を促したり，分権化を促すことがあっても，基本的には中立である．ITにより階層型組織構造はフラット化したとみるべきである．ITは中間管理職の数を減少したり増加したりすることには中立であるが，その役割は変化させたとみるべきであるとする．

マローン (2004) は, IT はたえず情報伝達コストを下げ, 企業にとってスケールメリットを犠牲にせずに組織を分散化することを可能にするとする. そして, 知識労働の重要性が増したために, ワーカーはモチベーションや創造性や柔軟性をもつことが重要となり, 自らを変革する必要に迫られるとする. そして, 多数の先進的な IT 活用企業のケースから, 企業への IT 導入プロジェクトの結果を有効に活用する組織形態への変革は次のようなものであるとする.

・ゆるやかな階層制
・民主制の利用
・組織外のマーケット
・組織内のマーケット
・分散化

1つめの「ゆるやかな階層性」というのは, 内部で責任が委譲された階層構造の組織形態である. そして, 「民主制の利用」というのは, 意思決定を民主的に行う組織形態ということである. また, 「組織外のマーケット」とは, 外部のマーケットを通して他の企業や人々に業務を委託する組織形態であり, 「アウトソーシング」と呼ぶ場合もある. そして, 「組織内のマーケット」とは, 従業員を特定の部署に縛りつけておくのではなく, その専門能力をプロジェクト別に効率よく割り当てていく組織形態である. 最後の「分散化」というのは, 上記4つを合わせた組織形態のことである. このような組織変革を実現した企業が生き残り, 実現しない企業が衰退しているとする. そして, ワーカーは組織が情報や意思決定が集中化された強固な階層制の場合とは異なり, モチベーションや創造性や柔軟性をもつように自己変革を迫られているとする.

2.2. 変革プロジェクトマネジメントの全般に関する先行研究

本節では，本書の研究のテーマを大きくひとくくりにする，「変革プロジェクトマネジメント全般」に関する先行研究として，主にプロジェクトマネジメント方法論において，変革マネジメントが，どのように扱われているかを概観する．

2.2.1. プロジェクトマネジメント方法論の概観

ピーターズ＆ウォーターマン（1983）は，エクセレントカンパニー43社に対してヒアリング等の調査を行い，それらの企業のすべてにおいて，プロジェクトを組むことにより組織を変革していることを明らかにしている．そこでは，タスクフォース（任務のため編成）によるプロジェクトチームを組むことにより組織を変革するとしている．それらの変革のために編成されたプロジェクトチームの特徴を次のようにあげている．

・臨時である．
・人数は少ない．
・多忙なメンバーで構成する（重要人物は多忙である）．
・存続期間は極めて短い．
・公式の権限規定を伴わない．
・フォローアップが迅速である．
・メンバーは志願制である．
・専属スタッフが指名されることはない．
・成果は書類化されない．

このように彼らは，プロジェクトにより，エクセレントカンパニーが変革を実施していることと，そのプロジェクトチームの特徴を考察している．しかし，これらの変革を具体的なプロジェクトに適用するためには，プロジェ

クトのマネジメントに関して研究することが必要となる．本書の研究では，これらの変革をプロジェクトで実施するためには，プロジェクトのマネジメントを，いかに行うべきかを明らかにすることに着目した．

　経済産業省と日本プロジェクトマネジメント協会がまとめた，P2M の副読本『P2M による企業イノベーション』（P2M, 2005）の「第5章　変革の導入・実施・フィードバック」では，「チェンジレディネス分析」のツールとして，「ステークホルダー・マップ」，「アンケートによるチェンジレディネス調査」，「チェンジレディネスワークショップ」，「変革の促進・阻害要因の特定と施策の立案」が提案されている．その内容は，ステークホルダーの変革への意欲の変遷を常に意識して，チェンジマネジメントプランの効果も継続的に測定し，必要な変更を加えていくこととしている．たとえば，チェンジマネジメントプランのマイルストーンを設定しておき，その際にアンケート調査でステークホルダーの変革に対する意識の変遷について，定点観測していくことである．「チェンジレディネス分析のアンケート」では，変革が導入される組織の受け入れ準備の度合いの調査を，匿名のアンケートで実施するとしている．匿名としているのは，本音を吸い上げるためである．ステークホルダーに直接アンケートを実施したとして，本当のことを記名式で記載するとは限らないためであろう．しかし，匿名であっても人数の少ない組織の中や，職制を通じてのアンケート調査では，記入者が推定できるため，本音は記載しない可能性が高い．また，無記名では，抵抗感の強いステークホルダーを特定できないという課題が残される．そして，情報システム開発プロジェクトのような，モノづくりを中心としたプロジェクトマネジメント方法論においては，変革プロジェクトマネジメントの方法論についての研究を後回しにしてきたと考えられる．

　PMBOK（2009）においては，ユーザーの抵抗やプロジェクトメンバーの不適応への対処である変革プロジェクトマネジメントについては述べられていない．ただし，ステークホルダー・マネジメントについての記載がある．それは，プロジェクトの成功から不利益を見込む，マイナスの影響力をもつステークホルダーを PM が見落とすことがないように，注意を促すものである．つまり，ステークホルダー（プロジェクトオーナーなどの経営層）の

負の影響を見落とさずに，何らかの対処を講じる必要性があることは認識されているとみることができる．これについては，後掲 2.5. 節の「1. 変革プロジェクトにおける，ステークホルダーの変革への抵抗への対処方法」の視点に関する先行研究において概観することとする．

PMI（2006）は，米国のプロジェクトマネジメント協会（PMI）が，プロジェクトマネジメント知識体系（PMBOK）の作成と並行して，プロジェクトマネジメントのプリンシプル（理論）を，学術的にとりまとめる目的で作成したとしている．また，PMI が，有識者の経験にもとづくプロジェクトマネジメントに関するベストプラクティス（PMBOK, 2009）によると，一般に良いと認められる慣行と定義される）として選定した論文集だとしている．「第 8 部プロジェクトマネジメントと組織開発」では，経営行動論の理論としての組織開発とプロジェクトマネジメントとを融合することで，プロジェクトをベースに組織変革を進めるべきであるとする主張が述べられている．

その主張をまとめると，次のようになる．組織開発は，組織行動論における組織変革のためのアプローチで，通常は，垂直的で官僚的な組織から，参加型で共に意思決定するような，チーム形成を行うことに重点を置いた組織への，変革を進めるためのものだとする．ただし，目標を達成するほど実効性をもたない机上のものとみられてきたとしている．一方で，プロジェクトマネジメントは，目標に対して詳細な計画を立てて，多くの具体的な成果を実現してきたとしている．しかし，プロジェクトマネジメントは母体となる親組織が目標を設定し，プロジェクトは，それを実現するだけのものと考えてきたとしている．

本先行研究の主張は斬新なものであり，プロジェクトマネジメントは与えられた目標の実施だけでなく，プロジェクトの親組織側に，新たな目標を与えるような組織開発としての影響を及ぼすべきであり，そのための方法論が必要であるという主張である．そして，これまで，この 2 つを融合することに思い当たらなかった理由について，エンジニアやサイエンティストが行うプロジェクトマネジメントと，経営学，心理学，組織行動学をベースとした組織開発が，お互いに非常に適した補完関係にあることを認識できなかった

ためであると指摘している．この指摘は，組織開発とプロジェクトマネジメントの融合が，新たな学際的な理論構築をもたらす可能性があることを示唆するものと考えられる．PMI (2006) では，組織開発との融合が提案されているが，より具体的な内容が，検討される必要がある．

また，PMI (2006) は，PM の視点から，「組織開発」が実際に官僚的な組織を変革するために，「プロジェクトマネジメント」を制度化することが必要だとする．組織開発の専門家の視点からみると，「プロジェクトマネジメント」こそが，彼らに必要とされる「物事を成し遂げる」方法であるとする．この統合により，組織内に変革を起こし，実現するための有効なプロセスがつくり上げられるとする．そこでは前述のように，変革プロセス全体が，組織開発の専門家と PM とのチーム体制により，可能となることをケーススタディーより示唆している．ここでは，組織開発において，プロジェクトマネジメントの手法を取り入れることの有効性をケーススタディーにより提案している．つまり，プロジェクトマネジメントと組織開発の融合が，組織変革の推進において有効であるということに着目されている．それに対して，変革プロジェクトの生み出すこれまでにない成果物を組織に導入するための，変革プロジェクトマネジメントに着目した研究ではないともいえる．

経済産業省所管の独立行政法人である，情報処理推進機構 (IPA) が作成している「IT スキル標準」(IPA, 2006) によると，インターネット技術の普及を背景とした IT 用途の多様化に応じて，顧客ニーズも多様化，深化したとする．顧客が情報サービスに求めているのは，幅広いビジネス領域を包含した情報システム化であり，事業特性や業務内容の理解を踏まえた，業務プロセス改革，BPO (Business Process Outsourcing) のような高度なアウトソーシング等も含まれるとする．そして，情報サービス企業は，単なるプロダクトの供給者ではなく，顧客企業とともに価値を創出するパートナーとなることが，市場から求められているとする．そのため，2002 年 12 月の公表以来，IT スキル標準は情報サービス産業における，人材のスキルの指標とされてきた．また，その内容は，プロジェクトマネジメント方法論の事実上の世界標準である PMBOK との整合を念頭に置いて作成しているとして

いる．2003年7月には，さらなる普及と活用を目的として，独立行政法人情報処理推進機構（IPA）にITスキル標準センターを設立した．

　ITスキル標準センターでは，プロフェッショナルコミュニティ活動等を通じて，ITスキル標準の内容充実やプロフェッショナル後進人材の育成および評価等について検討し，普及活動を行っている．同センターは，2006年にITスキル標準V2として改訂版を公開し，2008年にITスキル標準V3を公開している．今後は，ITスキル標準は，ビジネスや技術動向の変化に合わせて改善や補足をしていくことが求められているとして，ITスキル標準では，定期的な改訂を行うこととしている．

　また，ITスキル標準（2006）において「組織変革マネジメント」をITコンサルタントの専門領域である「BT（Business Transfomation）」における上級スキルだとしている．「BTメソドロジの基本」の上位コースとして，BTプロジェクトの中で特に組織改革支援に必要となるスキルであり，その修得が必要とされるとする．ITスキル標準の概要は，BTコンサルティングにおける，グループマネジメント，チェンジマネジメントの知識の修得，新しい組織とプロセス改善案の策定，実施計画の立案の知識およびグループマネジメント，チェンジマネジメントなど組織改革に関連するスキルであるとしている．これまでの事業組織の分析から，新しい組織改革案を策定，実施計画の作成を行うスキルということである．これらのスキルが必要となる対象者は，複数のコンサルティングプロジェクトに参画し，プロジェクトを実施した経験と実績を有するITコンサルタントとしている．

　また，受講前提としては，「BTメソドロジの基本」を修了していること，または同等の知識を有していること」としている．研修方法は，「講義およびワークショップ形式」で行われ，その期間としては標準日数3日間とされている．研修修了後のスキル修得目標としては，「組織戦略改革支援に関する知識を活用し，コンサルティングチームの責任者として，効果的な提案を実施することができる」こととされている．

　しかし，2008年のITスキル標準からは，「組織戦略」の一部として小さく扱われている．IPAからその理由は，明らかにされてはいない．エンジニアリングとしてのITスキルは，目に見えるモノ（IT）を構築するハード

表 2-1 PMBOK（2009）におけるステークホルダーマトリクスの一般的な例

ステーク ホルダー	プロジェクトにおける ステークホルダーの関心事項	影響の査定	支援を得る，あるいは障害を 減らすための戦略

出所：PMBOK（2009）p.251 より

スキルであり，その研修の実効性がわかりやすい．一方で，ソフトスキルである「変革プロジェクトのマネジメント」スキルは，実効性が測定しにくい．日本のITプロジェクト関係者にそのスキルの必要性の認識を高めてもらうため，スキルのベースとなる，プロジェクトマネジメント方法論と整合した変革プロジェクトマネジメント方法論が必要だと考える．

また，PMBOK（2009）では，プロジェクトステークホルダーの影響力を「関心度」と「権力」の2つの軸で見積もるためのステークホルダー分析マトリクス（表2-1参照）を提案している．

しかし，このステークホルダー分析マトリクスは，ユーザーではなく，主に経営層やプロジェクトオーナーなどのプロジェクトステークホルダーを想定し，それらのプロジェクトへの影響力（権限）や関心度（関係）により，重要度の順位をつけ，プロジェクトへの支援を得ること，また障害となる場合には，その障害に対処するための，ステークホルダー・マネジメントを主たる目的としている．つまり，本書の研究が着目するメンバーの不適応やユーザーの抵抗の対処方法に着目するものではない．

2.2.2. 考察

変革プロジェクトにおけるマネジメントが必要であることが，プロジェクトマネジメント方法論などに述べられている．しかし，それは必要性を述べることが，主な目的であり，具体的内容や実践方法は検討されてはいない．それに対して，本書の研究の着目は，「1. 変革プロジェクトにおける，ステークホルダーの変革への抵抗への対処方法」，「2. 変革プロジェクトにおける，プロジェクトメンバーの不適応への対処方法」の2点にある．

つまり，本書の研究の目的は，新たな技術や新たなやり方を採用する変革

プロジェクトにおいて，プロジェクトメンバーの不適応に対処し，適応まで導く実践的方法を提案することにある．そして，変革プロジェクトが生み出す新たな成果の導入へのユーザーの抵抗を予測することにより，受容を促進する施策につなげることである．先行研究のレビューを踏まえると，本書の研究は，変革プロジェクトにおけるメンバーの不適応やユーザーの抵抗をマネジメントするという，実務的な目的の研究として独自性があると考える．

2.3. 変革プロジェクトにおけるプロジェクトチームに関する先行研究

本節では，「1. 変革プロジェクトにおける，ステークホルダーの変革への抵抗への対処方法」の視点により先行研究を概観することが目的である．しかし，プロジェクトにおける，不適応を扱った研究はない．そのため，通常プロジェクトのPMやメンバーに対して調査を行った先行研究を概観する．

2.3.1. プロジェクトマネジャー対象による先行研究

足立他（2002）は，40人のPMにリスク項目のアンケート調査を行い，その結果の因子分析にもとづき，ソフトウェア開発コスト推定モデルの提案を行った．そのために因子分析によってアンケート項目の再編成を行っている．その結果，多くのリスク要因を含むコスト予測が行えることを確認している．

山戸（2005）は，SI（システムインテグレーター）組織（BU）においてITプロジェクトを成功させるために，プロジェクトマネジメントオフィスを設置することの有効性と，その理由を同一BU内の，約2000プロジェクトのPMへのアンケートから確認した．その結果として，プロジェクトマネジメントオフィスの設置は特にコミュニケーション施策として効果が高いとする．

倉田（2005）は，中国大連におけるソフトウェア企業7社のPMへのインタビューによる事例研究により，オフショアによるITプロジェクトの効率的な開発体制を築くための有効な施策の考察を行った．

2. 先行研究

　引地（2006）は，プロジェクトマネジメントにおける定量指標の実施状況を調査し，ソフトウェア開発において定量的管理の導入支援手法として，提案するツールである EPDG＋（Electronic Process Data Guidebook Plus）システムの有効性の確認を行った．EPDG＋システムは，定量的管理に利用する管理指標の選択と，その利用に必要な測定と分析活動の組み込みを支援するシステムである．17件のプロジェクトのPMへのアンケート調査により45個の定量指標の実施状況について調査を行った．

　鎌田（2000a，b）は，35件のITプロジェクトのPMまたは開発リーダーに対してアンケートによる調査とインタビューを行い統計的手法により分析を行っている．前者においては，「要求定義」，「変更管理」，「プロトタイピング」などに，遅延を避けるうえで重要なポイントがあることを明らかにしている．また，後者においては，遅延プロジェクトにおいては「変更管理」を軽視する傾向を見出している．また，品質管理手法である親和図法，特性要因図，パレート図をもちいて分析し，当事者のもつ問題意識を明らかにしている．

　上記のような理論は，プロジェクトマネジメントの領域で調査研究されるが，他のプロジェクトで試行的に確認することが困難である．そのため，可能であれば，MAS手法により再現し，確認することが必要であると考えられる．また，これらの研究は，主にPMが行うプロジェクト遂行の効率を上げるためのマネジメントに着目したものである．それに対して，本書の研究の着目は，プロジェクトの遂行上の問題として，プロジェクトのメンバーの不適応の影響を確認することにある．そのうえで，その影響への対処として，PMがどのような施策を行うことが望ましいかという点に着目するものである．つまり，これらの研究は，本書の研究と着眼点が異なっている．

2.3.2. プロジェクトメンバー対象による先行研究

　ここでは，プロジェクトチームの状況に関して，プロジェクトメンバー向けの調査を行った研究を概観する．

　中田他（2001）は，プロジェクトにおける異なる組織や部門に所属するメンバーで編成されるプロジェクトチームのマネジメントについて研究してい

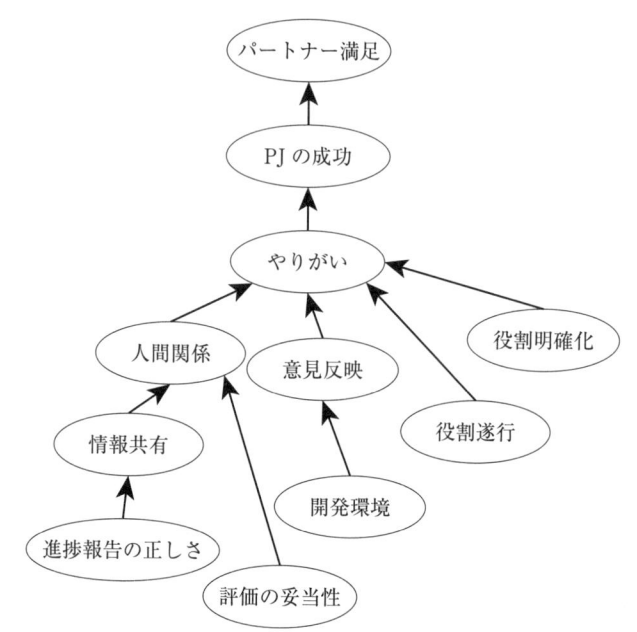

図 2-1　パートナー（プロジェクトチームメンバー）満足要因の連関図
出所：中田他（2001）p.173 より

る．それによると，チームのパフォーマンスと関係のある，メンバーの仕事に対する満足度の高さを，パートナー満足として，35件のアンケートにより調査し，QC（品質管理）7つ道具である連関図をもちいて分析している．総合満足度と相関の高いものは，「やりがい」，「意見の反映」，「成功」，「ベンダとの人間関係」，「役割分担の明確化」，「他人の進捗報告の正確さ」，「やめたいか情報共有」，「開発環境」，「役割遂行情報の鮮度」であった．図2-1は，その関連図である．

そして，彼らの研究の着目は，異なる組織や部門に所属するメンバーで編成されるプロジェクトのマネジメントにある．そのような混成チームのメンバーの満足度に注目し，プロジェクトのチームビルディング（チーム全体のパフォーマンス）を向上させる施策を検討するものである．つまり，全く経験のない新しい技術や新たなやり方を採用するようなプロジェクト（狭義の変革プロジェクト）における，メンバーのマネジメントについて着目した研

2. 先行研究　37

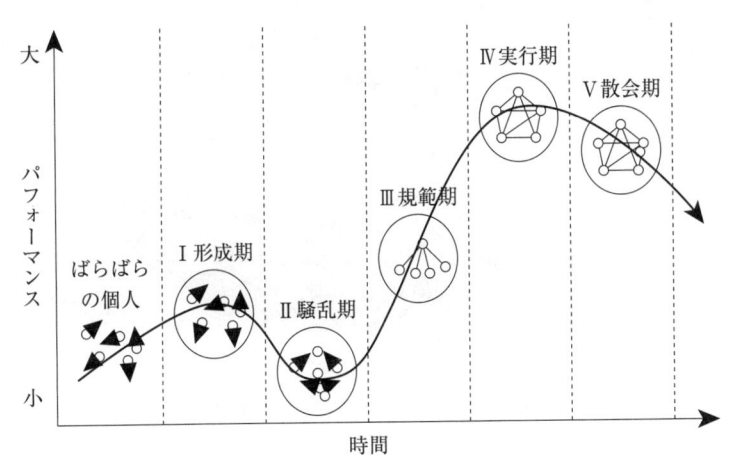

図2-2　プロジェクトチームのパフォーマンスモデル
出所：榎田・松尾谷（2005）p.19 より

究ではない．

　榎田・松尾谷（2005）は，プロジェクトにおける人間的側面のマネジメントを，組織行動学の視点から研究している．それによると，プロジェクトを3つの指標（仕事意欲，仕事満足，仕事から受けるストレス）により特徴づけることの有効性について，537件のアンケートにより実証している．これらの指標に影響を与える要因として，チームの雰囲気，コミュニケーションが作用しているとしている．そのうえで，測定された指標のばらつきの原因を分析し，チームビルディング（チーム全体のパフォーマンス）に関する仮説モデルを提案している．図2-2に，その仮説モデルを示した．

　図2-2のモデルにおいて，パフォーマンスは，仕事意欲，仕事満足，仕事から受けるストレスの3つの指標を代替指標として利用したものである．このモデルの成果は，計測することが困難であるパフォーマンスを，3つの指標で代替したことである．これらの研究の着目は，多くの異なる組織からプロジェクトに配属されたメンバーのプロジェクトへの満足度やチームビルディングを高めるための施策は何かということである．しかし，それは新しい技術や新しいやり方を採用した場合のプロジェクト（狭義の変革プロジェクト）のメンバーやチームに関する研究ではない．それらの研究結果は，技術

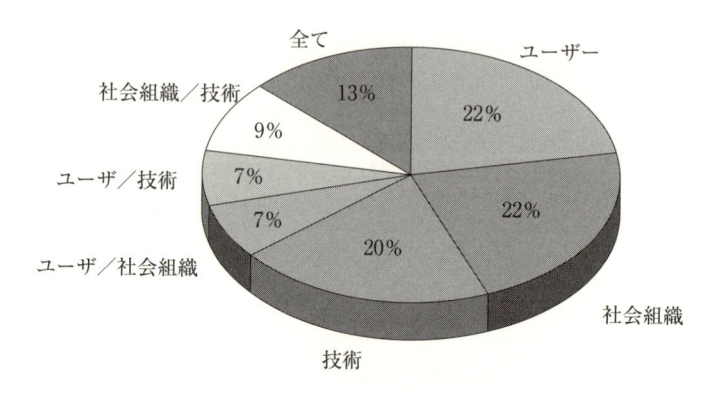

図2-3 指向性のグループの割合
出所：Klein et al.（2002）p.82 より

(円グラフ：全て 13%、ユーザー 22%、社会組織 22%、技術 20%、ユーザ／社会組織 7%、ユーザ／技術 7%、社会組織／技術 9%)

ややり方が従来の延長であるプロジェクトにおけるチームのマネジメントに活かせる部分はあると考えられるが，変革プロジェクトにおける新しい技術や新しいやり方への不適応に対処するには，別のマネジメントが必要であると考えられる．つまり，変革プロジェクトにおけるチームマネジメントへの着目が，本書の研究の独自性であるといえる．

Klein et al.（2002）は，IS（情報システム）プロフェッショナルの指向性の多様化を測り，プロジェクトチームを編成することを，プロジェクトのリスクを最小化する戦略として提案している．そのため，ISプロフェッショナルを対象とした調査を実施している．その結果として，技術指向性，ユーザー指向性，社会組織指向性といったユーザーの指向性の多様化が，ISの失敗の回避，IS技能の維持向上，プロジェクト効率性の維持向上のすべての観点を考慮することができるとしている．彼らの調査の結果が示すものは，大半（60％超）のISプロフェッショナルは偏りのある指向性をもつということである（図2-3参照）．

それによると，20％が技術指向性のみを，22％がユーザー指向性のみを，22％が社会組織指向性のみをもつとする．特に3つすべての指向性を一定程度もつのは13％に限られる．しかし，それは，すべての指向性が強くないとする．そのうえで，システムの失敗要因，成功条件，およびスキルの観点について，3つの指向性との関係性を検討している．それは，図2-4のよう

2. 先行研究

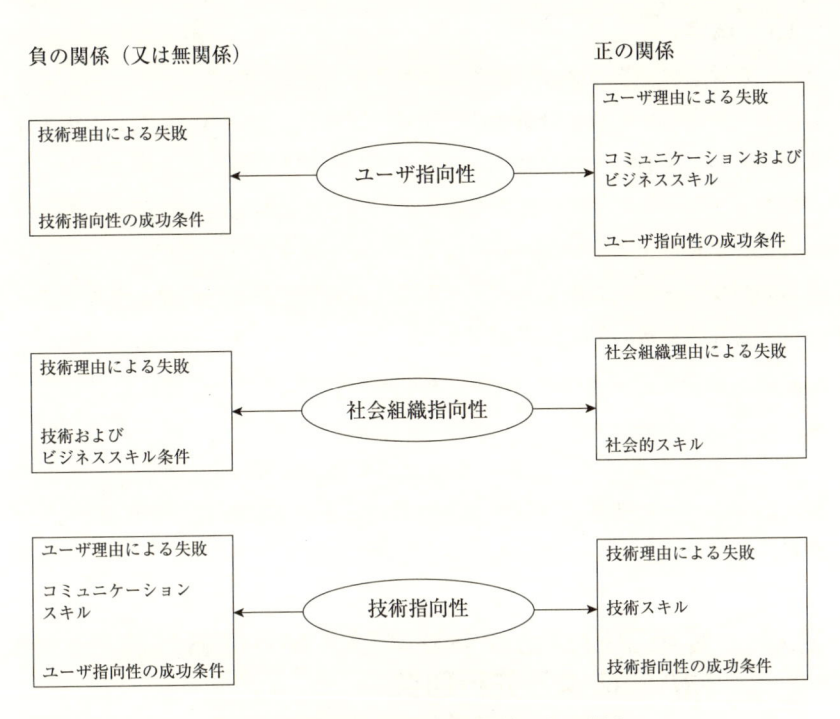

負の関係（又は無関係）　　　　　　　　正の関係

```
[技術理由による失敗           ]      [ユーザ理由による失敗
                    ] ←(ユーザ指向性)→   コミュニケーションおよび
 技術指向性の成功条件                  ビジネススキル
                                     ユーザ指向性の成功条件]

[技術理由による失敗                    [社会組織理由による失敗
                    ] ←(社会組織指向性)→
 技術および
 ビジネススキル条件 ]                   社会的スキル]

[ユーザ理由による失敗                   [技術理由による失敗
 コミュニケーション  ] ←(技術指向性)→    技術スキル
 スキル
 ユーザ指向性の成功条件]                 技術指向性の成功条件]
```

図 2-4　各指向性と正負の関係のある視点
出所：Klein et al.（2002）p.85 より

にまとめられる．

　この図 2-4 が，プロジェクトチームを編成すべきという主張の根拠となっている．たとえば，技術指向性の高いメンバーは，失敗を引き起こす可能性のあるユーザー要因への視点に欠け，それに関するリスクに無関心であるとする．Klein et al.（2002）の研究は，プロジェクトの様々なリスクを軽減するために，3つの多様な指向性のグループのメンバーを配属することが有効であるということに着目している．そのためメンバーの指向性のグループを研究している．

2.3.3. 考察

PMを対象に，そのプロジェクトにおける状況について，アンケートやインタビューを行い，統計分析手法により，プロジェクトのマネジメント方法に関する考察を行った研究はある．それらは，PMの行う，どのような施策がプロジェクトの効率を向上させるかという点に着目している．

また，プロジェクトメンバーへのアンケート調査を行い，プロジェクトチームのパフォーマンスのマネジメント関する考察を行った研究もある．それらは，異なる複数の組織から配属されたプロジェクトメンバーの満足度を向上させ，そのプロジェクトチームの効率性を向上させることに着目している．

本先行研究のレビューを踏まえると，本書の研究はITプロジェクトの個々のメンバーの変革プロジェクトにおける不適応に着目した研究として，新規性や独自性があるといえる．

2.4. 変革プロジェクトマネジメントにおけるMASによる先行研究

本節では，「2.変革プロジェクトにおける，プロジェクトメンバーの不適応の対処方法」の視点について，マルチ・エージェント・シミュレーション（以下、MASと略す）により行われた先行研究を概観する．プロジェクトを変革プロジェクトに絞り，そのマネジメントに関して，MASによる研究を実施した先行研究はない．また，変革プロジェクトにおけるメンバーの不適応の影響を観察した研究も存在しない．そのため，研究手法としてのMASを概観し，そのうえで，主にプロジェクトマネジメント領域に関係するMASを利用した先行研究を概観する．

2.4.1. 研究手法としてのMAS

寺野（1997）は，MASによる組織的問題解決について，次のように述べている．コンピュータシステムも，人間が行動を行う場である組織も共に，人工的な存在であり，工学的設計や数理的な分析の対象となりうるとしてい

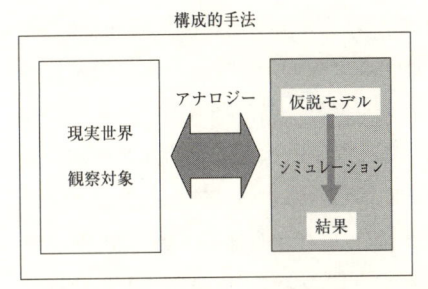

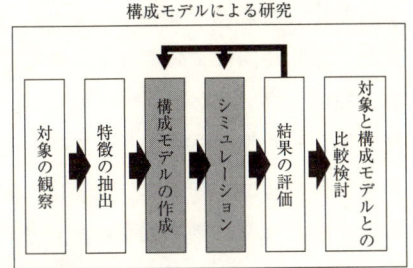

図 2-5 MAS 概念図
出所：豊福（2000）pp.10-11

る．そして，実際の社会システムは，いわゆる「複雑系」であり，その構成員もしくはエージェントは，自ら内部状態をもち，それらの相互参照によって，複雑な適応行動を創発するとしている．そのため，企業経営などの非技術分野における意思決定問題や組織科学の問題は，従来のコンピューターシステムが対象にしてきた分野と比較して，はるかに定義しにくく，構造が不明確であるとしている．そのうえで，記号処理技術とエージェントの概念を，組織科学が対象とするような悪構造の問題——社会システムの問題——に対して適用することを主張している．そして，このアプローチの優れている点は，数学的モデルと事例分析の中間に位置するところであるとする．また，記号による対象の記述と厳密な理論展開に加えて，プログラムの実行という形での理論のシミュレーションが可能であると，その利点をあげている．

図 2-5 は，豊福（2000）による，MAS の概念図である．現実世界を観察して，そのアナロジー（比喩，たとえ）としての仮想空間におけるモデルを構築し，そのモデルを動かしてみて，結果を観察することを繰り返すというシミュレーションのプロセスを表している．

2.4.2. プロジェクトマネジメントにおける MAS 研究

相良他（2004）は，MAS を適用したモデルを構築し，プロジェクトの効率性について研究している．それによると，タスクフォース型は，どのプロセス特性に対しても，総じて無駄な時間が少なく，待機時間の短さを含めたプロジェクト効率を考えると，ファンクショナル型，マトリクス型に比べ

て，安定した成績を発揮している．ファンクショナル型は待機時間が長い．また，無駄時間はタスクフォース型に比べると長いが，マトリクス型に比べると短い．ファンクショナル型では，スタッフは，当該部署のリーダーから割り振られた作業を終えると無駄に動くことなく，次なる要素作業の割り振りまで待つ間は，有効に一般業務に振り向けられるから，ファンクショナル型は，それなりに効率的な組織形態であるとした．渡部・寺野（2008）は，PM の指示遅れによる生産性へのインパクトについて，MAS による分析を行い，効率性低下のリスクがあるプロジェクトを発見する判断基準を提案した．その研究は，プロジェクト組織内部の効率性に関する一般的知見と整合する結果を MAS で確認している．これらの研究は，プロジェクトの効率性の向上や，効率性の低下リスクを抑える施策について着目し，MAS で確認を行った研究だといえる．一方で，本書の研究テーマの着目は，新しい技術や新しいやり方を採用した狭義の変革プロジェクトにおいて，メンバーの不適応がプロジェクトのチームに対してどのような影響を与えるのか，そしてPM には，どのような対処法があるのかを，MAS で確認することである．その着目する点が異なっている．

2.4.3. リーダーシップ，影響逸脱モデル，メタ規範モデルなどに関する MAS

変革プロジェクトにおけるメンバーの不適応への対処には，PM の機能として，リーダーシップなどの影響を与える機能（影響力）が必要となる．そのため，MAS で影響力について実験を行った研究についてレビューを行った．それらの研究の概要を，次に報告する．

Rickel & Johnson (1999)，Traum & Rickel (2002)，村上他（2006）は，火災や地震などの避難誘導のリーダーシップについて，ユーザーとエージェントのインタラクションによる MAS をもちい，避難者に対してどのように働きかけるのが有効であるかを確認し，避難誘導訓練シミュレーションを構築している．このようなシミュレーションは，実際に火災を発生させて実験を行うことが困難なため，MAS により研究を行う意義は大きいと考えられている．

2. 先行研究

　北中他（2004）は，ロジャーズ（1990）のイノベーションが社会に影響を与え普及する「イノベーション普及モデル」のビジネス学習について，各教育方法（講義，ケース，MAS）で行った際の教育効果を比較した．理解のレベルは，MASが最も高いと考察している．

　また，山影（2007）は，影響力には，他のエージェントへの作用にはある行動をさせる場合に，現在とっている行動を禁止する場合があるとする．しかし，単に特定の行動をやらせたり，やめさせたりすることは，影響力の行使としては単純だとする．そのうえで，相手に特定の行動をさせようとするが，なかなかいうことをきかない場合や，特定の行動を禁止しようとするが，相手がある程度逆らっていうことをきかない場合があるとする．そのように，働きかけに対して，様々な逸脱がありうる複雑な状況をモデル化した「影響逸脱モデル」があるとする．そのようなモデルとして，幼稚園の先生が集団のルールをよく理解していない（できない）幼稚園児に影響を与えるモデル（「幼稚園の先生の苦労話モデル」），ルールを敢えて自らの意思で破り指示に従わない暴走族を取り締まる白バイの警察官のモデル（「暴走族の取り締まりモデル」）を，歩行モデルの応用である影響逸脱モデルとして開発している．

　また，規範への協調行動を維持させ，裏切りを抑制するMASとして，アクセルロッド（1998）の「メタ規範モデル」がある．山本・岡田（2011）は，アクセルロッド（1998）の「メタ規範ゲーム」を拡張し，常に非協調行動をとるエージェントを導入することで，頑健に協調が維持されることを発見している．そのような効果を，彼らは社会的ワクチンと呼んでいる．そして，鳥海・山本（2011）は，規範への協調行動を維持する場合に，懲罰の仕組みが存在しないソーシャルメディアをメタ規範モデルでモデル化し，協調行動が支配的になる条件を分析している．それによると，「協調に対する報酬」および「協調に対する報酬を与えたことによる報酬」，つまり「メタ報酬」の存在が，協調を促進する効果があるとしている．

　ここで，影響逸脱モデルとメタ規範モデルには，違いがあると考えられる．メタ規範モデルは，報酬や懲罰の点数により裏切り行為を抑制し，協調構造を保つモデルであるのに対し，影響逸脱モデルは，エージェントの性質

により必ずしも意図的な裏切り行動ではない逸脱行動を起こすのを，どのように影響を与えて行動を統制するかという違いである．

　また，小林他（2011）は，社会学や社会心理学の先行研究から，企業のコンプライアンス違反と社会的責任活動は，組織内の個々人の効用を最大化するための限定合理的な行動から，個々人の意図によらず，創発されるとする．つまり，社会規範に違反すれば逸脱（社会的効用の減少）であり，社会規範を順守していれば改善（社会的効用の増加）となるのだが，両者の作動原理は同じだとする．そのうえで，それらの現象を MAS によりモデル化し，一様性と成果主義的報酬配分が強まると逸脱行動が促進され，多様性が強まることと，報酬配分の傾斜が弱まることにより，改善行動が促進されることを実験により確認している．

　また，どのような規範が戦略的に生き残るかという MAS として，Axelrod（1984）の反復型囚人のジレンマゲームコンテストがある．そして，高橋（1996）は，Axelrod（1984）の反復型囚人のジレンマゲームコンテストの再現実験を行った．その実験結果により，戦略的に強い（生き残る可能性が高い）規範として，「未来傾斜原理」を提示する．「未来傾斜原理」とは過去の実績や現在の損得勘定よりも，未来を残すことを選択し，その実現への期待に寄り掛かり傾斜した格好で，現在をしのいでいこうという意思決定を行う原理であるとする．そして，それらの考察から，過去の実績にもとづいて評価し，現在の損得勘定に訴えて動機づけをしようとする成果主義と比較し，日本型年功制は「未来傾斜原理」に則った，戦略的に生き残るための優れた規範であるとしている．

2.4.4. MAS による研究手法利用の理由

　本書の研究で MAS を利用する理由としては，実際のプロジェクト自体が，現実社会の中の営みであり，様々な条件を変化させて実験を行い，その結果を観察することができない．そのため，シミュレーターを利用した仮想プロジェクトを作成し，その実験結果から示唆を得ることが，プロジェクトマネジメント理論の発展に欠かせないものであるため，MAS をもちいて研究を行う．

また，シミュレーションの中でも，MASを採用するのは，MASが複雑系をベースとしたシミュレーションであるためである．複雑系について，米国のサンタフェ研究所のアーサー（1997）は，多くの要素があり，その要素が，互いに干渉し，何らかのパターンを形成したり，予想外の性質を示したりするとする．そして，そのパターンは，各要素そのものにフィードバックするとしている．そのため，竹田（1998）がいうように，組織がめまぐるしく変化する環境に適応するために，個々の構成員の能力を，ダイナミックに再構成して活用し，個々の能力の総和以上の力を発揮するような解決策を導き出すには，MASが適していると考えたためである．

2.4.5. 考察

前述の先行研究の中で，主にプロジェクトマネジメントに関する研究は，プロジェクト組織自体の効率性を高めるための施策や，効率性低下のリスクを軽減するための施策をMASで導き出すことに着目がある．それに対して，本書の研究の着目は，変革プロジェクトにおけるPMおよびプロジェクトメンバーを観察し，設計開発したMASで，プロジェクトメンバーの不適応の影響やその対処を確認することにある．このような問題に，MASを適用した先行研究はない．

2.5. 変革のステークホルダーへの導入と受容に関する先行研究

本節は，「1. 変革プロジェクトにおける，ステークホルダーの変革への抵抗への対処方法」の視点に関する先行研究の概観を目的としている．しかし，変革プロジェクトに絞ったプロジェクトステークホルダーのマネジメントに関する先行研究はない．そのため，プロジェクトマネジメントにおいて，ステークホルダー・マネジメントに関する先行研究および，プロジェクトステークホルダーとプロジェクトの関係について，モデル化を行った先行研究を概観する．

また，本書の研究は，ユーザーを想定したプロジェクトステークホルダー

に対する，変革プロジェクト成果導入における受容の促進に着目している．しかし，そのような着目による先行研究はこれまでなかった．そのため，プロジェクトマネジメントにおける概念ではないが，プロジェクトステークホルダーへの変革導入の受容を促進する役割を担うことが期待される，チェンジ・エージェントに関する先行研究を概観する．

2.5.1. 要求定義におけるプロジェクトステークホルダーへのインパクト分析

プロジェクトステークホルダーに関係する要求定義の方法論として，妻木他（2009）は，情報システムの要求定義後のインパクト分析が必要だとしている．彼らによると，インパクト分析とは，情報システムが，情報システムを取り巻く外部環境に与える影響を分析することである．そして，影響には，プラス／マイナスの両方の影響があり，また，影響の大きさによって，許容できるかどうかが異なるとしている．「外部環境」には，対象領域内で活動する人，作業プロセス，情報システムが導入される組織や社会，現在稼働中の情報システムが含まれる．つまり，「外部環境」はステークホルダーが含まれるとしている．そして，インパクト分析の結果を踏まえ，システムの仕様変更や導入中止が発生することもあるとしている．

彼らの研究は，要求定義が終了して開発に入る前に構築する情報システムの価値を再度見直して，マイナスがあれば，要求定義を見直す必要があるというところに着目があると考えられる．

それに対して，本書の研究では，プロジェクトの作業である要求定義自体を円滑に進めるため，事前に抵抗を予測することに着目している．そのため，本書の研究は，要求定義後のインパクト分析とは着目する点が異なっている．

また，要求定義後のインパクト分析には，ステークホルダーの新しい情報システムの受け入れへの抵抗を分析するうえで課題がある．情報システムは新旧で，どのくらい仕様が異なるのかの差の大きさや，作業プロセスが，どのように変革されるのかの差の大きさを，どのように測定するのかということである．

さらに，それが人の利害に，どのようにつながるのかをどのように測定するのかという課題がある．プロセスが改善され効率化されるという組織全体のメリットのみが測定される恐れがある．インパクト分析は，要求定義の終了後になって行うことができるため，要求定義前にその要求定義を支援してほしいプロジェクトステークホルダー（ユーザー）の抵抗を事前には予測できないことが考えられる．インパクト分析による改善によって，プロジェクトステークホルダーの受容意識が，そのプロジェクトの後半になって高まったとしても，ユーザーの要求定義の作業の多くは終わっており，要求定義作業の手戻りとなる．それがユーザー受け入れテストの段階だとすると，開発した情報システムの仕様変更が続出し，プロジェクトの納期，コスト，品質に，多くの影響を与えると考えられる．

2.5.2. チェンジ・エージェントに関する研究

チェンジ・エージェントは，主に米国の応用社会学や，応用行動科学の分野で発展した概念である．Lippitt et al. (1958) は，チェンジ・エージェントの概念を，変革のプロセスに関与する組織の内部，あるいはコンサルタントなどの実践家といった，外部のプラクティショナー，特に，行動科学者と定義している．つまり，チェンジ・エージェントは，企業や組織の内部の構成員による「内部チェンジ・エージェント」と，企業や組織の変革を外部からサポートする「外部チェンジ・エージェント」の2つに分けられるとしている．内部チェンジ・エージェントは，変革の対象となる組織内の個人であって，必要な一連の業務を担当する専任の担当者である．組織のトップ自らその役割にあたる場合と，戦略的に任命された担当者やグループが推進する場合があるとしている．また，外部チェンジ・エージェントは，クライアントの課題解決において，コンセプト策定から実行に移すまでのプロセスを支援していく組織外の専門家としている．

Lippitt et al. (1958) は，Lewin (1951) の3段階の変革モデルを，5つの局面に拡張し，計画的な変革モデルを提唱した．彼らは，変革プロセスを，第1段階が完了していなくとも，第2段階を実施している不連続の活動として捉え，Step（段階）ではなくPhase（局面）とした．

Phase 1. 変革へのニーズを開発する．
Phase 2. 変革リレーションシップ（関係）を確立する．
Phase 3. 変革へ向かって作業する．
Phase 4. 変革を一般化し，定着させる．
Phase 5. 最終的関係を達成する．

　Lippitt et al. (1958) は，それぞれの局面において，チェンジ・エージェントが，どのような活動をするかについて述べている．Phase 1. では，チェンジ・エージェントが問題を提起し，変革のニーズを感じた第三者が，チェンジ・エージェントを潜在的なクライアント（個人またはグループ）に引き合わせる．そのことによって，クライアント自身が，自分のニーズに気づいて動き始める．Phase 2. では，チェンジ・エージェントとクライアントとの間に共同体的な作業努力を展開していく．そして，Phase 3. において，チェンジ・エージェントが，情報を収集しながら問題に関する理解を深め，問題を明確化していく．さらに，変革の目標を設定し，そこに至るプロセスを描いて実行に移していく．ここでは，新たな組織を提案し，具体的なトレーニング・プログラムを実施し，制度設計を行うとする．Phase 4. は変革の定着化のために，変革で発揮された力を維持するためのメカニズムを確立し，他の部分へと普及させていく．チェンジ・エージェントは，組織の効率性をモニターし，情報をクライアントが理解できるように支援する．そして，将来にわたって組織が変革し続けられるよう，必要に応じて専門的な援助を提供する．Phase 5. では，クライアントはチェンジ・エージェントへの依存をやめ，問題を自分たち自身で解決できるように変革を制度化する局面としている．最後は，チェンジ・エージェントが必要とされなくなることを目標とすべきとしている．彼らは，変革を起こし，その受容を促進する活動や役割に着目しているが，変革導入の抵抗への対処のための活動に着目はしていない．
　また，ロジャーズ (1990) は，ブラジル 69, ナイジェリア 71, インド 108 の村を対象とした，農業普及に関するチェンジ・エージェントの役割の研究を行っている．そして，専門的知識が高くなると，人々と異質な人物とな

り，チェンジ・エージェントとして機能しないと分析している．そのうえで，組織内部の文化に適応できる人がチェンジ・エージェントに適するとしている．そしてチェンジ・エージェントの役割は，次の7つとしている．

①変化への欲求を高める
②情報交換関係を確立する
③普及対象者たちの問題を診断する役割
④普及対象者たちに変化への意欲をもたせる
⑤変化への意欲を行動に変える
⑥採用行動を定着させ，採用中止を防ぐ
⑦普及対象者との最終的関係をつくり上げる

また，宮入（2005）は，成果主義人事制度導入において人事部門および企画部門スタッフがチェンジ・エージェントとして活動した事例研究を実施している．それによると複雑で変化の激しい経営環境において，トップマネジメントを助け，変革を推進するチェンジ・エージェントの機能を抽出している．そして，チェンジ・エージェント機能を，次のようにまとめている．

①経営ツールの活用による変革機会の創出
②現場とのコミュニケーションを重視した信頼関係の構築
③スタッフ部門と現場を連動させる変革プロセスの展開
④トップと現場のパイプ役としての機能の発揮

①の経営ツールとは，「管理職研修」と「人事制度改革」を指している．そのうえで，組織変革は，現状否定や既得権益の損失と受け止められる層からの抵抗がつきものであるとしている．そして，このような場合，最初から公式のルートでトップダウンのみに頼った変革方法では，最終的にうまくいかない可能性が高くなるとしている．そのような事態を回避していくためには，チェンジ・エージェントがインフォーマルな行動をとりながら，実質的な変革のための条件を整えていくことが有効であるとしている．ロジャーズ

(1990) や宮入 (2005) の研究は，チェンジ・エージェントとして，適した特性や役割を解明することに着目している．それに対して，本書の研究はチェンジ・エージェントの施策として，ステークホルダーへの抵抗の予測ツールに着目するものであり，着目する点が異なっている．

2.5.3. プロジェクトのステークホルダーと KPI に関する先行研究

本書の5章では，「1. 変革プロジェクトにおける，ステークホルダーの変革への抵抗への対処方法」の視点から，ユーザーとしてのプロジェクトステークホルダーにおける，変革プロジェクト成果の導入への抵抗を予測するため，新旧 KPI 比較分析を提案することに着目している．それに対して，同様の着目による先行研究はない．そのため，ここでは変革，プロジェクトステークホルダー，KPI (Key Performance Indicator) の3つの要素に関する先行研究を概観する．

我が国の経済産業省が主導して作成した，プロジェクトマネジメント方法論である P2M (2007) では，経営戦略の観点から，プロジェクトをマネジメントするためのツールとして，BSC (Balanced Scorecard) が有効としている．そして小原他 (2004) は，P2M と BSC を融合した「PBSC (Project BSC)」の有効性を提案している．それによると，プロジェクトのプロセスを，KPI により定量化し，適正に評価することで，部門横断的な取り組みであるプロジェクトにおける，利害の異なるステークホルダーの調和と，多元的価値の増大をもたらすとしている．しかし，プロジェクトにおけるステークホルダー個別の利害の大きさを，KPI の新旧比較から分析し，その抵抗の予測を検討する本書の研究とは着目が異なる．

鐵 (1984)，赤尾 (1988)，高須 (1997) は，方針管理のフレームワークとして，持続的な業績向上を目指し，新製品の開発，企業体質強化の企業変革活動を効果的に進めるため，目標を管理する項目として，売上高や利益のような財務的指標のほかに，不良率，製品開発リードタイム，納期遅れ件数のような非財務的な指標を，目標達成度を測るための指標 (KPI) として採用すべきとしている．また，長田 (1998) は，TQC (Total Quality Control) 活動が，TQM (Total Quality Management) に発展するにあたり，TQC

の実践のための方針管理も，全社最適の戦略策定とその実行のための戦略的方針管理に発展する必要があるとしている．そして，全社最適の戦略の実現のためのKPIを設定する戦略的方針管理のコンセプトと方法論（フレームワーク）を提案している．畠中・長田（2000）は，ケースによる検証から，戦略的方針管理の導入と柔結合のマトリックス型組織形態により，企業の顧客価値をもたらす能力が向上するとしている．そして，KPIにより戦略立案から実行，進捗度・達成度測定，改善のサイクルを適切に実施できる組織の備えるべき条件が，柔結合のマトリックス型組織形態であるとしている．そのうえで，そのような条件が備わった企業においては，コア・コンピタンス（顧客に特定の利益をもたらす技術，スキル，ノウハウの集合）の獲得能力が，最大化されるとしている．ここで，その条件の1つである「柔結合のマトリックス型組織形態」とは，組織間関係や外部組織との関係性による「相互依存性の問題」と，組織に現在ある情報と必要な情報との差による「職務の不確実性の問題」の，2つの問題の双方に対応できる組織形態であることをケースから検証している．そして，適切なKPIの設定と適切な組織形態により，顧客価値をもたらす組織に変革されるとしている．

　キャプラン＆ノートン（2001）は，BSCによるKPI設定により，戦略策定を継続的なプロセスにすることができるとする．戦略策定は，1回だけのプロジェクトではなく，継続したPDCAサイクルをもつことが重要である．すなわち，繰り返しの活動であるとともに，戦略それ自体の修正ができる，ダブル・ループ学習の考え方が重要であるとしている．また，トップのリーダーシップを通じて変革を促すことができるとしている．トップの支持なしに変革は成立しないため，この点が重要であるとしている．そして，最終的な成果だけではなくBSCにより，戦略指向組織へと変革することが重要であるとしている．

　また，谷（1990）は，組織構造やインセンティブシステムにつながる業績測定システムを同時に変革しないと，組織変革が実現できないと指摘している．そして，加登（2004）によると，業績評価システムの変革は目標管理の不備，報酬の与え方によって，経営の効率が高まりプラスに働く正の機能と，経営にマイナスに働く逆機能があることを指摘している．たとえば，部

門間バランスや特定人材の登用などを視野に入れた，トップによる加（減）点が行われると，たとえ客観的に測定・評価が行われていたとしても，そこに主観的評価が付加されることになるとし，こうしたトップによる加（減）点は業績評価システムの満足度を低下させる要因になり，組織や個人は戦略の達成のための新たな行動を起こさないとしている．そのため，業績評価によるインセンティブを働かせるためには，トップによる加（減）点を，極力行わないことを提案している．

　これらの研究は，新たなKPIの設定とその測定のための情報システムの導入により，客観的な業績測定がされることにより，適正な報酬のインセンティブを与えられることで，変革が推進することに着目している．また，KPIの測定により，戦略視点からみた業務の改善点が明確になり改善を促すことで，変革が推進されることに着目がある．それに対して，業績測定のための情報システム導入である変革プロジェクト（特にERP導入プロジェクトのようなKPIの変更が伴う）における，KPIの設定や変更自体や業務の改善点が明確になることが，プロジェクトのステークホルダーの利害をもたらし，そのKPI設定自体がプロジェクトへの抵抗につながっていると考えることもできる．そのため，本書の研究では，本来変革を推進するインセンティブとして与えられる業績評価指標の変更自体が，抵抗を生み出すという点に着目することとした．

2.5.4. 考察

　ここまでプロジェクトステークホルダーのマネジメントの研究，およびチェンジ・エージェントに関する先行研究を概観してきた．また，プロジェクトステークホルダーとプロジェクトの関係をモデル化し，プロジェクトの失敗の要因に関する先行研究を概観してきたが，これまでとは違う成果を生み出すことを目的とし，新しい技術や新しいやり方を取り入れて実施する変革プロジェクトに絞って研究されたものはない．また，プロジェクトステークホルダーを，主にプロジェクト実施のためのリソース提供者として，その支援をもらうため，関係性の維持に着目した研究が行われている．その場合のプロジェクトステークホルダーは，リソース配分の意思決定者としての経営

2. 先行研究

層を主に対象としている．

　しかし，本書の研究の着目は，ユーザーとしてのプロジェクトステークホルダーを，プロジェクトの成果導入の受容者として扱うことにある．そして，導入する際の抵抗を，どのように予測するかということに着目がある．それは，抵抗を予測することでチェンジ・エージェントなどが行う活動を円滑にし，その結果として，プロジェクトの遂行に役立つことが期待できると考えられるからである．

　また，変革プロジェクト（5章では変革プロジェクトの例として，ERP導入プロジェクトを対象とした）のチェンジ・エージェントへのインタビューを実施した先行研究はなかった．また，ユーザーとしてのプロジェクトステークホルダーの抵抗に対して，チェンジ・エージェントが利用できるツールや対処についての研究はない．そのため，本節では，チェンジ・エージェントに関する研究および，プロジェクトのステークホルダー・マネジメントに関する先行研究，プロジェクトとプロジェクトステークホルダーの関係をモデル化した先行研究を概観した．

　本書の研究では，変革プロジェクトの成果を定常業務組織（オペレーション組織）に導入する際の，ユーザーとしてのプロジェクトステークホルダーによる受容と，それを促進するチェンジ・エージェントの有効なツールに着目がある．本書の研究は，変革プロジェクトの生み出す成果に対して，プロジェクトステークホルダーの受容を推進するチェンジ・エージェントの施策ツールに着目した研究として，新規性と独自性があると考える．本書の研究の5章では，変革プロジェクトの構想段階にプロジェクトステークホルダーの抵抗を予測するツールとして，ステークホルダーの新旧のKPI比較による抵抗の予測を提案する．

　そして，PMBOK（2009）がいうように，プロジェクトマネジメント方法論は，プロジェクト関係者に利用されて，効果のあった方法（知識）を，プロジェクトマネジメント経験と知識をもつ有識者に客観的に評価され，体系化されている．本書の研究の5章における，研究アプローチも，そのようなプロジェクトマネジメント方法論を策定する場合の一般的なアプローチを採用している．プロジェクトマネジメント経験にもとづく知見から，プロジェ

クトマネジメントツールを作成することにより，形式化を行う．そして，そのツールの妥当性評価を，有識者（チェンジ・エージェント経験者でありプロジェクトマネジメントの有識者）により，客観的に実施してもらう方法をとっている．同様の研究としては，塚原（2008）の研究があげられる．その研究においては，筆者自身の経験したケース研究から，情報システムのライフサイクルという形で，プロセス間に及ぶ問題を取り扱い，情報システムの企画から廃棄までのプロセスまで含めた研究を行っている．さらには，情報システムのライフサイクルで起こるプロジェクトのツーフェーズアプローチの有効性を提示し，そのプロジェクトアプローチにおけるリスクアセスメントツールを作成し，有識者による評価を行っている．それに対して，本書の研究の5章も，塚原（2008）と同様のアプローチを採用している．

3

変革プロジェクトの
ジレンマ・マネジメント

　本章では，IT導入を伴う変革プロジェクトにおいて，ステークホルダー（主にユーザー）が陥るジレンマをどのように解消するかという方法について，事例をもとに論じることとする．それにより，ジレンマを発見するための方法（ツール）と，その解消策を検討するための方法（ツール）の提供を試みる．

3.1. 変革プロジェクトのジレンマの解消

　IT導入における変革プロジェクトでは，部門の枠組みを超えた全社の利益最大化を目指した組織全体の変革を行う必要がある．こうした変革プロジェクトでは多くの場合，ステークホルダーはジレンマに陥ることがある．つまり全体の利益を優先すると，個々のステークホルダーやユーザーは，個人的利益の観点において痛みを伴う．先行研究でみたように，サプライ・チェーン・マネジメント導入プロジェクトでは，調達，製造，ロジスティクス，販売などの各部門の利益が相反するため，いずれかの部門で全社利益と組織や個人の利益が相反し，ジレンマに陥る．また，カスタマー・リレーションシップ・マネジメントやナレッジマネジメント導入プロジェクトでは，そのためプロジェクトはその解消の必要に迫られる．本章ではIT導入プロジェクトのケースに関する考察からITによる変革プロジェクトマネジメントとして，ステークホルダーのジレンマの分析とその対処策を検討するフレームワークを提案する．

3.2. 機器メーカーA社　変革プロジェクトケース

機器メーカーA社の所属する業界においては，新製品開発による市場シェア拡大競争が行われてきた．製品数増加に伴い保守部品の需要が増え，その物流リードタイムが業界の企業間競争の比較優位の源泉となる．

3.2.1. A社の保守部品業務の現状

A社では，保守部品の在庫量や出荷量の増大とともに大型倉庫を建設，庫内作業者の効率化と負荷軽減のために倉庫内にマテハンや自動ラックなどの自動化機器導入の投資を行ってきた．そして，出荷業務は業務量の負担が少ない人に優しい「種まき方式」をとる．一般的に「種まき方式」とは，当日に出荷する部品を全部作業場に1回集めてから，出荷先別に仕分ける方式である．いわば，「作業の段取り」と「始まりと終わり」が明確な作業方式である．それに対して，「摘み取り方式」とは，出荷先別に各保管棚からピッキングし即仕分ける，庫内作業者が常に動き回る方式である．それは「段取り」や「始まりと終わり」がないため，家族的文化のA社では非人間的な方式とみなしていた．

3.2.2. ITプロジェクト実施

A社は，プロジェクトを立ち上げ，調査を行った．それによると，競合他社は受注の翌日配送をしており，A社では受注から2日目配送どころか，いつ配送できるかわからない状況であった．また，完成品から部品を「はぎとり」して対応する状況もみられた．出荷が遅い原因は，「自動倉庫の速度が保守部品を扱うには遅いこと」，「種まき方式のため，日次の出荷量に制約があること」，「種まき方式のため，優先順位の高いものを受注当日午後の出荷に間に合わせることができないこと」が判明した．

3.2.3. 変革プロジェクトへの抵抗

プロジェクトは変革施策として新たな情報システムの導入，自動ラックの

撤廃，種まき方式から摘み取り方式への業務変革を求めた．それに対し現場のジレンマによる強い抵抗が発生する．その抵抗は以下のようなものである．

・自動倉庫の撤廃による業務負荷への抵抗
　　これまで，各棚から自動ラックが種まき場まで必要な保守部品を運んできた．そのため，出荷作業は人に優しい業務であった．それに対して，自動倉庫が撤廃されると，自動ラックが行う作業を作業者が行う必要がある．
・種まき方式による作業段取り（自分で決定した行動）廃止への抵抗
　　これまで，自分たちで，1日の手順や時間配分を段取りして（決定して）作業を行うことができたが，摘み取りだと自分たちで段取りをすることがなくなる．
・摘み取り方式による，走り回る「こまねずみ化（機械化）」への抵抗
　　出荷作業者は荷揃えのために，倉庫内を孤立して走り回る業務に変更になるため抵抗が発生する．
・「保守部品の翌日配送」と「市場シェア」との因果の曖昧性による抵抗
　　販売側が考える「保守部品の翌日配送」と「市場シェア」の低下との因果関係は，実際には証明しにくいため，保守部品倉庫の物流側からすると納得しにくいため，業績低下の犯人にされるのには抵抗感がある．

以上のような抵抗に遭い，ITプロジェクトの要求定義は困難となる．

3.2.4. 変革プロジェクトのジレンマ分析枠組み

このような抵抗に対して，筆者が行った分析は表3-1である．
表3-1の分析からトップダウンにより変革（自動ラック撤廃，作業方式の変更，IT導入）を強制すると，作業者の陥るジレンマから次のような理由からモチベーション低下が予想された．

・摘み取り作業と自己目的を同化できないため，生産性を低く抑える規範

表3-1 変革プロジェクトジレンマ分析マトリクス

	デメリット	メリット
変革する	・自動ラックの喪失により業務負荷が増加する. ・こまねずみ化による非人間的な作業業務を行う. ・家族的企業文化の喪失. ・自己決定行動による職務満足喪失.	・市場シェアの下落の歯止めをかけられる. ・事業の維持・成長が可能である. ・雇用の継続が可能である.
変革しない	・市場シェアを失う. ・事業が縮小される,または廃止になる. ・事業が継続できないため,失職する.	・慣れた業務が行える. ・自ら決定した作業業務行動ができるため職務に対する満足感が継続できる.

が生まれる.

・作業者は分業化・固定化・単純化された作業を繰り返すため,自発的に・行動・決定している実感が得られない.

・作業者は単独で「こまねずみ」になるため,相互の孤立,責任や負担のなすりつけ合いが起こる.

これらは,表3-2の質問に答えることで起こりうる状況を予測することが可能であったと考えられる.表にはそれらの質問と予測される状況をまとめた.

表3-2の3つの質問に答える形式の枠組みで,変革のジレンマを乗り越える対処方法を検討することができると考えられる.

3.2.5. 変革プロジェクトジレンマによる抵抗への対処

そこでA社は,3つの質問に対応した以下の抵抗への対処方法を講じ,IT導入による保守部品物流のサービスレベルの向上(緊急部品の翌日配送)を達成する.

「1. 仕事の期待にきちんと対応しているという実感がもてるか」に対応する対処方法

・作業を支援するため情報端末(バーコードリーダー)を導入して作業の負荷を軽減する.

3. 変革プロジェクトのジレンマ・マネジメント

表 3-2 変革ジレンマへの対処方法検討フレームワーク

質問	種まき（現在の状況）	摘み取り（変革後の予想）
1. 仕事の期待にきちんと対応しているという実感がもてるか	・会社から与えられた仕事に効率的に対応している．	・作業は完全に分業化され，労働者は固定化され単純化された作業を繰り返すため，仕事に対する期待値が理解しにくい．
2. 自分たちで作業や行動を決定しているという実感があるか	・作業分担の決定や監督，経験者と新米の分業が可能である． ・会社からの強制ではない，相互の作業の助言，助け合いが可能であり，経験者が新米に指導できる．そのため，チームの目的を自らの目的と感じることができる．	・単純な目標だけを与えられるため，作業と自己の目的を同化する想像ができない．そのため生産性を低く抑える規範が生まれる． ・自発的に・行動・決定している実感が得られない．
3. 自らも仲間のことを配慮しているし，仲間からも自らが配慮されているという実感がもてるかどうか	・仲間と協力的に仕事を完結させている．そのため，相互の孤立，責任や負担のなすりつけ合いがない．	・相互の孤立，責任や負担のなすりつけ合い． ・倉庫内をそれぞれ単独で「こまねずみ」になるため，相互の孤立，責任や負担のなすりつけ合い，それを原因とする欠勤・病欠が発生する．

・販売部門で，保守部品出荷の緊急性を確認するように業務を改革し，緊急出荷と通常出荷をデータにより区分．即出荷の必要性明示．

「2. 自分たちで作業や行動を決定しているという実感があるか」に対応する対処方法

・受注の優先順位をデータ上で識別させ，顧客のニーズを意識させる．
・作業の区切りを設け，摘み取り方式による作業の単純化を緩和．

「3. 自らも仲間のことを配慮しているし，仲間からも自らが配慮されているという実感がもてるかどうか」に対応する対処方法

・倉庫内で作業者が孤立する単純な摘み取り方式の採用をせず，緊急出荷，通常出荷，優先顧客出荷をデータ上区分することにより3つの小単位チームに分け，チームの目的や責任を明確化．

3.3. 枠組みの試行と評価

3.3.1. X氏による試行

　前述の2つの枠組み（表3-1　変革プロジェクトジレンマ分析マトリクス，および表3-2　変革ジレンマへの対処方法検討フレームワーク）の有効性を確認するために，コンベア生産方式の現状からITとセル生産方式の導入プロジェクトによる改革を実施したプロジェクトマネジャー経験者X氏に試行してもらうこととした．

　岩室（2002）によると，セル生産方式とは，組み立て製造業において，1人～数人の作業員が部品の取り付けから組み立て，加工，検査までの全工程（1人が多工程）を担当する生産方式とする．部品や工具をU字型などに配置したセルと呼ばれるライン（作業台，屋台）で作業を行うものである．そのメリットとして，部品ストアの入れ替えやセルでの作業員の作業順序を変えるだけで，生産品目，製品バリエーションを容易に変更できることで，多品種少量生産への対応に優れていることがある．また，生産量の調整も，セル内人数の調整やセル数の増減によって対応しやすい．ライン生産（ロット生産）では，ライン上のどこかの工程の生産性や品質が低ければ，全体もそのボトルネック制約を受け，他工程の生産能力が無駄になる場合も考えられるが，セル生産では，あるセルが停止したり不良品を出したりしても，ほかのセルは独立して稼働しているので，無駄は少ないといわれる．また，すべての仕事を担当者がスルーで受け持つ，いわゆる丸持ちするので，問題点や改善点がみえやすく，改善提案が多数期待できるといわれる．セル生産のデメリットとしては，1人が多工程を担当するので熟練するまでに時間がかかること，作業効率が作業者個人のやる気に依存するということなどがあるとされる．

　X氏による「変革プロジェクトジレンマ分析マトリクス」の試行結果は表3-3となる．また，X氏が自身の経験であるITとセル生産方式の導入プロジェクトのプロジェクトマネジャーとしての経験から「変革ジレンマへの対処方法検討フレームワーク」を試行してみた結果は表3-4のようになる．

3. 変革プロジェクトのジレンマ・マネジメント   61

表3-3　セル生産導入ジレンマ分析マトリクス

	デメリット	メリット
変革する	・コンベアの喪失により業務負荷が増加する． ・セルの中で作業者が孤立する非人間的な作業となる． ・個々人の技量の差が明確になる． ・セルをつくる人と使う人の分離が進み，作業者が自ら決定した作業業務行動ができない．	・小ロット，多品種少量生産が行える． ・需要の変動に柔軟に対応できる． ・部品や製品の在庫の削減ができる． ・国内での生産が維持できる． ・国内の雇用の継続が可能である． ・製品やラインの変更に，大きな設備投資を必要としない．
変革しない	・多品種少量により成熟した市場に対応しない場合，市場シェアを失い事業から撤退となる． ・これまでの生産方式では，海外工場生産と比較してコスト劣位のため，国内で生産が縮小になる，または廃止になる． ・国内工場縮小または廃止により，失職する．	・これまで慣れたコンベアによる業務が行える． ・自ら決定した段取りにより，まとめ生産ができるため，職務に対する満足感が継続できる． ・個々人の技量の差が出ないため，能力がないことが明らかにならない． ・ベテランにとり現在の技術が陳腐化しない．

そして，X氏が当該プロジェクトにおいて，ステークホルダーの抵抗への対処のため要件定義で考案した業務やITによる対応は以下となる．
「1. 仕事の期待にきちんと対応しているという実感がもてるか」に対応する対処方法
　・販売側の需要予測と実販のデータを毎日ITでみられるようにして，市場や顧客を意識できるようにした．
　・コンベア撤廃による，部品ピッキング，配膳の負担については，専用の配膳係（水すまし）をつけることで作業者を支援し負荷を軽減する．
　・水すましの配置により，セル内作業者が業務に集中することで効率化を図る．
「2. 自分たちで作業や行動を決定しているという実感があるか」に対応する対処方法
　・現場の作業者の要望を引き出すため，アンケート，ミーティングなどを行い，改善を図るようにした．
　・生産量の増減や品種切り替えに対して，人員配置や作業分担の変更など，セル現場の自主的な決定が行えるようにした．

表 3-4 変革ジレンマへの対処方法検討フレームワーク

質問	コンベア生産（現在の状況）	セル生産（変革後の予想）
1. 仕事の期待にきちんと対応しているという実感がもてるか	・コンベアにもとづき効率的な大量生産を行っているという実感がある．	・セルの中での作業は完全に孤立化され，常に変化するラインの中で，新しいやり方を模索するため，効率的であると感じられない．
2. 自分たちで作業や行動を決定しているという実感があるか	・自分たちで，生産の段取りや役割分担などの決定や監督をし，経験者と新米の分業が可能である． ・会社からの強制ではない，相互の作業の助言，助け合いが可能であり，経験者が新米に指導できる．そのため，チームの目的を自らの目的と感じることができる．	・セルをつくる人と，使用する人が完全に分離するため，使用する人は単純な目標だけを与えられるため，作業と自己の目的を同化する想像ができない．そのため生産性を低く抑える規範が生まれる． ・単品別に生産するため，作業が絶え間なく続き，終わりがないように感じる．
3. 自らも仲間のことを配慮しているし，仲間からも自らが配慮されているという実感がもてるかどうか	・仲間と協力的に仕事を完結させている．そのため，相互の孤立，責任や負担のなすりつけ合いがない．	・相互の孤立，責任や負担のなすりつけ合い． ・セル内で孤立するため，相互の孤立，責任や負担のなすりつけ合い，それを原因とする欠勤・病欠が発生する．

「3. 自らも仲間のことを配慮しているし，仲間からも自らが配慮されているという実感がもてるかどうか」に対応する対処方法

・1人の作業者がセル内で孤立するのを避け，1人の作業者はセル内で自己完結型ではあるが，同時に複数の作業者が同じセル内にいるようにして，チーム制を敷いた．

・チーム制によりベテランが新米を指導できるようにした．

・セルをつくる側の管理者，スタッフが常時，現場に出向き，問題はその日のうちに解決するようにした．

3.3.2. X氏の評価

2つの枠組み（表3-1 変革プロジェクトジレンマ分析マトリクス，および表3-2 変革ジレンマへの対処方法検討フレームワーク）に対する，X氏のコメントは次のようなものである．

・マトリクスでジレンマを発見し，それによる抵抗を対処方法検討フレー

ムワークで検討するのは，試行錯誤で検討した場合より，非常にスムーズであろうと考えられる．
・この2つの枠組みによる抵抗の対処を検討することは，PMBOK (2009) による方法論としての妥当性の基準である「実際のプロジェクトに適応できること」，「価値の同意があること」，「有用性があること」，「プロジェクトの成功の可能性を高めるという合意があること」の4点にもとづき，実用性と有用性があると評価できるであろう．

3.4. 社会―技術システム論と変革プロジェクトマネジメント

IT導入プロジェクトにおいて，最適な業務情報システムを設計するうえで再検討する必要があるのは，イギリスのタビストック人間関係研究所 (Tavistock Institute of Human Relation) によって主張された社会―技術システム論である．Trist & Bamforth (1951) が，採炭作業の機械化に伴う問題を研究する過程で提唱し始め，さらに Trist (1963)，Rice (1958)，Trist & Emery (1969) などの研究によって精緻化されてきたものである．この理論は，組織が技術システムと社会システムからなり，システムの相互作用によって全体の効率が決定されるとする．つまり最適な組織の構築には両システムを同時に最適化すべきとする．

1990年代後半以降 ERP (Enterprise Resource Planning) を中心とするパッケージソフトが業務情報システムの主流を占めるようになり，全社の経済性・効率性を重視したシステム設計が主流となった．それらのプロジェクトの要求定義は困難に直面してきた．A社のケースを社会―技術システム論に照らしてみると，個々のステークホルダーがかかえるジレンマを解消するITの利用を検討すべきであるといえる．つまりIT導入を中心とした組織の変革においてITはその利害対立によるジレンマ解消を視野に入れる必要があるということである．

3.5. 小括

　以上のような企業における変革プロジェクトのステークホルダーやユーザーのジレンマを類型化し，その最適な解消方法を探るシミュレーションが理論的には可能である．たとえば複雑系の研究から発展してきたマルチ・エージェント・シミュレーション（MAS）である．しかし，そのような試みがなされていないのは，情報システムのプロジェクトマネジメントが情報システムを経済的・効率的に開発することのみに注目してきたからであると考えられる．

　社会―技術システム論をベースとした変革プロジェクトの MAS が IT による変革プロジェクトマネジメントにおける示唆を得るために有効である．MAS は社会の現象は個人や個別組織の判断による行動の相互の作用により自己組織化したものであることを前提として，個人や組織をシフトウェアエージェントとして書き表し，社会をエージェント間の相互作用としてモデル化しコンピューターでシミュレーションする方法である．

　IT 導入などの変革において個々のエージェントである人はジレンマの中で部分最適の合理的な判断による行動をとる．シミュレーション技術により要求定義で狙った全体最適と個々のエージェントの部分最適行動の結果を全体システムの設計に反映し，単なる経済性・効率性追求ではない社会と技術が整合した変革プロジェクトを推進するための「ジレンマ・エージェント・シミュレーション」をプロジェクトマネジメントのツールとする必要があろう．

　本章では，ジレンマの分析の枠組み（表 3-1　変革プロジェクトジレンマ分析マトリクス）およびジレンマへの対処検討の枠組み（表 3-2　変革ジレンマへの対処方法検討フレームワーク）を提案した．そのうえで，その妥当性をプロジェクトマネジメントの有識者に確認した．その結果は，ある有用性と実用性があるというものであった．

4

ステークホルダーの
変革ジレンマ・シミュレーション

　本章では，3章で提起した変革プロジェクトマネジメントとしてのマルチ・エージェント・シミュレーション（MAS）の必要性を受けて，変革プロジェクトの成果の導入を受け入れる側のステークホルダーと，そのステークホルダーに対して変革の受容を推進する役割を担うチェンジ・エージェントをモデル化し，MASによる実験を行う．その実験により変革プロジェクトのマネジメントに関して示唆を得ることを試みる．MASのモデルとしては，山影（2007）における影響逸脱モデルを利用する．

4.1. 問題意識と背景

　全社的な変革プロジェクトを成功させるためには，プロジェクトで検討・開発した成果を全社に導入し経営トップ，ミドルマネジメント，現場などにその成果である変革を受容してもらう必要がある．また，それはプロジェクトの実施過程でも同じく，それらのステークホルダーからの積極的な支援だけではなく，妨害などの非協力を防ぐ必要もある．たとえば全社的なIT導入のような変革プロジェクトではステークホルダーの利害が様々に異なる．プロジェクトマネジメント関係者において，そのような状況がプロジェクトの現場における混乱や停滞，失敗につながることが経験的に理解されている．
　企業文化などの研究においては，企業文化が単一のように語られる場合は多い．しかし現実は同じ企業内でも，生産，販売，経理，購買，物流，企画などの人々の行動特性や思考や価値観は違うものであると考えられる．たと

えば，超優良企業が卓越した製品を常に世に送り出す企業文化をもつと語られる場合には，その企業の製品開発に携わる人々の文化が中心に語られている．現実に企業を変革するとなると，単一の企業文化では語れない非常に複雑で多様な企業内の人々の利害に着目する必要がある．

　本書の研究の目的は，そのような複雑な社会である企業全体の全社変革プロジェクトを推進するうえで，チェンジ・エージェントが果たす効果的な役割に関する示唆を得るため，MASの手法により実験と考察を行う．また，そのうえでプロジェクトマネジメント手法にプロジェクトの成果の実行まで考慮したチェンジ・エージェントをベースとした手法を取り込むことを提案する．

　よって本章では，変革プロジェクトの成果をステークホルダーが受容するためのマネジメントにおけるその具体的なシミュレーションモデルを仮説設定し，実験を行うこととする．シミュレーション化するのはプロジェクトにおけるステークホルダーとチェンジ・エージェントである．Lippitt et al.（1958）やロジャーズ（1990）によると，チェンジ・エージェントは人々に社会変革（イノベーション）を普及する役割を担う人々である．本章では，それを踏まえて，チェンジ・エージェントはステークホルダーの一部ではあるが，変革プロジェクトのステークホルダーへの導入の際の受容を促進する影響を与える役割を担う人々のことを指すとする．

　チェンジ・エージェントとエージェントシュミレーションのエージェントに共通するのは，環境の変化などからくる解決できない問題に遭遇した際に，組織全体での解決を図ろうとすることにある．つまり，組織全体構成員の行動を変革し問題解決を図るところにある．つまり，エージェントという呼称が同一であることは偶然であるが，単なる偶然ではなく，個々の情報や知識にもとづく意思決定により行動する様式をどちらのエージェントももっていると考えられる．

　1章の図1-3に示したチェンジ・エージェント役割を，本章におけるシミュレーションにより確認する．

4.2. 全社変革モデルについて

本章では，現時点での設計開発したモデルについて説明し，実験結果について述べることとする．以下のモデルは筆者の複数の全社変革プロジェクトのマネジメントとしての観察から，また，複数の全社変革プロジェクトのプロジェクトマネジャーおよびチェンジ・エージェント経験者へのインタビューからの仮説設定により設計したものである．

4.2.1. 変革プロジェクトモデルの説明

全社変革プロジェクトの成果の人々の受容については，プロジェクトからのアナウンスやオリエンテーションにより，人々は5つの状態区分に分かれると仮定している．それは企業内にいる人々は大きくは「組織全体的な利益の高低」と「個人的な利益の高低」の2つの観点から利害を判断するという仮定を前提とするタイプ分けである．その5つの状態区分は以下のようなものである．

- 賛成の人：組織全体的利益も個人的利益も両方高いと感じる人
- 反対の人：組織全体的利益も個人的利益も両方低いと感じる人
- ジレンマの人：組織全体的利益は高いが，個人的利益は低いと感じる人
- 懐疑的な人：組織全体的利益は低いが，個人的利益は高いと感じる人
- ニュートラルな人：組織全体的利益も個人的利益も高くも低くもない人（全社変革プロジェクトがよくわからない，現状から変化がないと感じている人とした）（図4-1参照）．

また，全社変革プロジェクトの検討内容や成果としての決定事項を受容してその行動を変革させる準備が整った状態を「変革の受容」と定義した．そのうえで，「変革の受容」は賛成の人のみであり，懐疑的な人およびジレンマな人，反対の人は「変革の非受容」と定義する．そして，ニュートラルな人は変革の意義やその中での自分の立場や位置づけがどのように変化するの

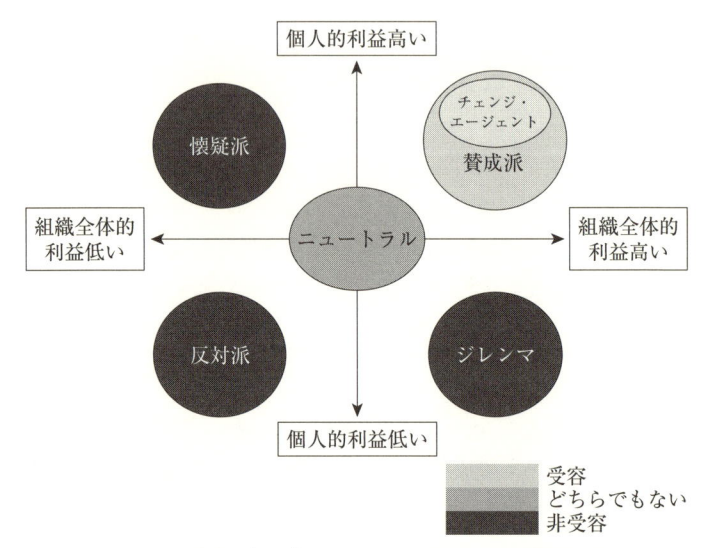

図 4-1 変革プロジェクトにおける人々の状態区分

か理解に至っていない人，変革に関するアナウンス情報を受け損なった人など，この変革に対して自分の意見や印象をまだもたない人である．そのため，ニュートラルな人の変革に対する受容の準備は整ったわけではなく，「変革の受容」の状態としては受け止めることができない．つまり，受容でも非受容でもない，「どちらでもない人」と定義した．

これらの状態区分は，全社変革プロジェクトのアナウンスやオリエンテーションなどの初期の印象に対する心理的状態としてそれぞれ，発生の期待値を各20%付近ランダムとした．

図 4-1 の中で，賛成派の中にチェンジ・エージェントが記載されているのは，賛成派の中から一定の割合でチェンジ・エージェントをプロジェクトが選定することとしたためである．

そして，チェンジ・エージェントは各状態区分にある人々に変革に賛同するように働きかける．その働きかけは状態区分ごとに以下のように設定した．

・賛成の人：賛成から一定期間を経ると，ニュートラルに戻ることとした．
・ニュートラルな人：チェンジ・エージェントと接触すると 30% の確率

4. ステークホルダーの変革ジレンマ・シミュレーション

```
      ┌─────────────┐
      │  賛成（変革） │
      │  チェンジ・   │
      │  エージェント │
      └──────┬──────┘
             ↕
      ┌─────────────┐
      │  ニュートラル │
      └──┬───┬───┬──┘
         ↓   ↓   ↓
    ┌──────┐┌──────┐┌──────┐
    │ 懐疑 ││ 反対 ││ジレンマ│
    │(非受容)││(非受容)││(非受容)│
    └──────┘└──────┘└──────┘
```

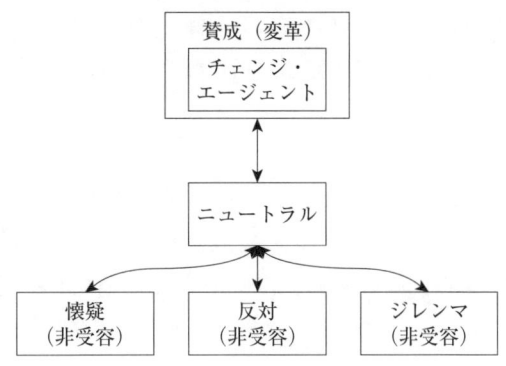

注：チェンジ・エージェントは固定とする

図 4-2　人々の状態遷移図

で賛成に変化する．これは，普通は1～2回の接触で態度を決められないのがインタビューなどからわかったためである．

- 懐疑の人：チェンジ・エージェントと接触すると20%の確率でニュートラルに変化する．これは，組織全体的利益が低いと感じており変革プロジェクトに懐疑的であるため，ニュートラルな人より賛成に変化する確率が低いためである．
- ジレンマの人：チェンジ・エージェントと接触すると，10%の確率でニュートラルに変化する．これは，個人的利益に対して懐疑的であるため，懐疑の人より賛成に変化する確率が低いためである．
- 反対の人：チェンジ・エージェントと接触すると，5%の確率でニュートラルに変化する．チェンジ・エージェントからの影響を最も受けにくいためである．

以上の状態遷移の概念図が図4-2となる．ニュートラルが懐疑，反対，ジレンマになる場合は一定期間を経ると，次の割合で非受容に変化（懐疑25%，反対25%，ジレンマ25%に変化）し，残りのニュートラル25%はそのままと設計した．これについては，一旦チェンジ・エージェントの影響により変化した人は一定期間を経ると行動がもとに戻る場合がほとんどであることがインタビューなどから判明したからである．

そして，モデルの中では，プロジェクト側が賛成の人の中からチェンジ・エージェントを一定の割合で選定し，正式な役割として一定期間固定的に任命しているものとした．

4.2.2. 実験用シミュレーションツールの設計開発

エージェントシュミレーションの実施にあたっては，MAS ツールとして，Artisoc1.0（構造計画研究所，以下 Artisoc と省略）を利用した．そして，実験を行う Artisoc 上のモデルは以下のように開発した．

- 全社組織：空間 X 座標 50，Y 座標 50，ループあり（空間がループしているとは，上端と下端，左端と右端とがつながっていることを意味する）．
- エージェント：人をイメージする人エージェントとして，初期に空間にランダムに発生させ，ランダムな方向を向いている．1ステップごとに

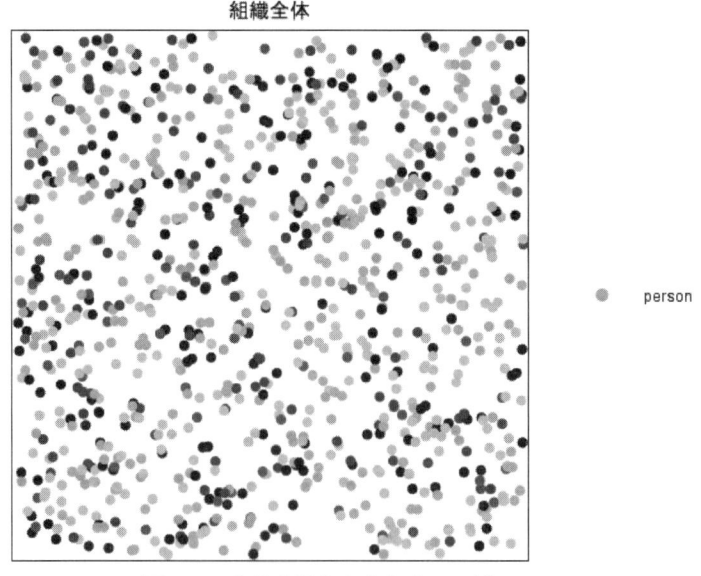

図 4-3　全社空間と人を表すエージェント

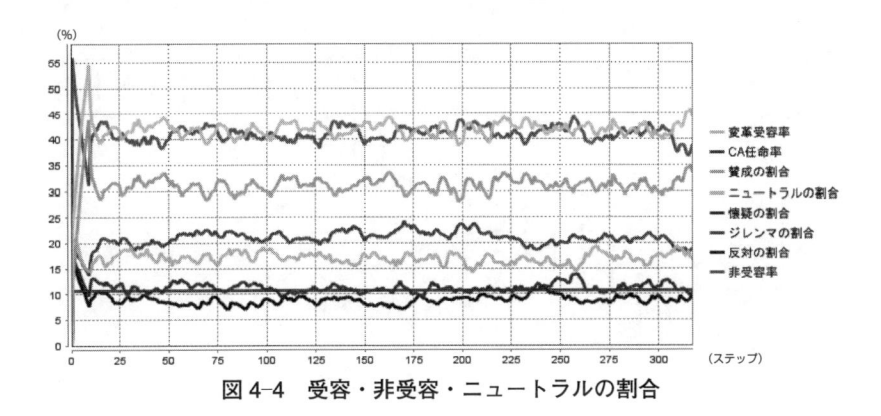

図 4-4 受容・非受容・ニュートラルの割合

距離1進み，その方向も角度20度の間でランダムとした．
・人エージェントの発生数：コントロールパネル設定を行い，1刻みに100から2500まで設定可能とした．
・チェンジ・エージェントの発生率：0.01刻みに0から0.30まで設定可能とした．

図4-3の枠の中が企業全体を表す空間であり，その中の点が人を表す．変革プロジェクトにおける人の状態を色で表している．

また，図4-4のグラフは全社空間における全人数に対する各状態の割合を各ステップで表したものになる．それに加えて，ここでは変革受容率，変革非受容率をそれぞれ変革受容，非受容として表している．

4.2.3. 実験1およびその結果

実験1として，まずチェンジ・エージェントの比率（以下，CA比率と略す）を10人のうち1人の比率である0.1に固定し，この場合全社を表す空間の人数を変化させる実験を行った．なぜならば，実験空間における人口密度がチェンジ・エージェントが物理的に他の人々と接触する機会としての確率を押し上げる程度を測るためである．

図4-5は，100人から2500人まで100刻みに100ステップ終了時の変革受容率の測定を各10回（合計250回）の試行を行った結果である．図4-5

CA 比率 0.01

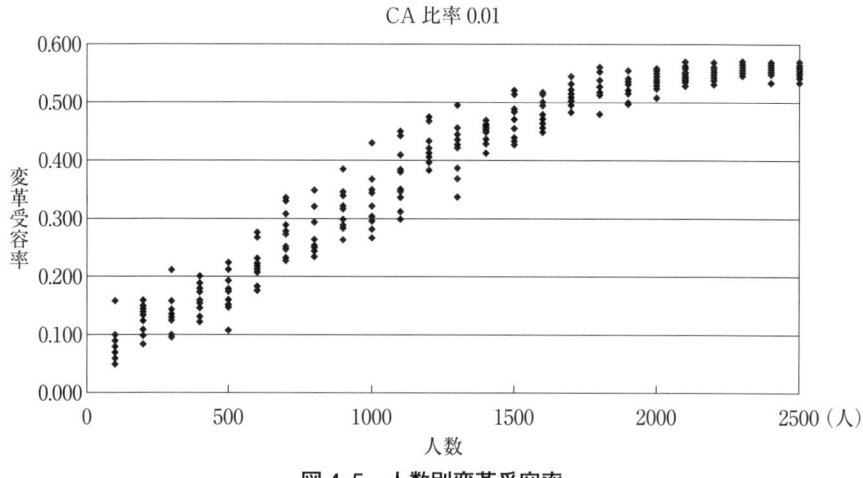

図 4-5 人数別変革受容率

の変革受容率とは賛成人数とチェンジ・エージェント人数を合わせた人数を割ったものである．結果としては，線形ではなくロジスティクス曲線と近似する．現実的な企業の空間は人々の集中と分散の両方が行われたオフィス空間であると考えられる．たとえば，本社と支社や生産拠点と販売拠点などである．50×50 の空間における 2500 人を考える場合は全員が同じところに集中した企業だと考えられる．それは，本社も工場も販売もそして間接部門のすべてが 1 カ所に集中している形態と想定できるからである．また，50×50 の空間における 500 人の場合には，かなり人々が分散した企業である．この結果も踏まえたうえで，やや分散する 1000 人を配置する空間が現実に近い全社の空間モデルと考えることとした．

4.2.4. 実験 2 とその結果

実験 2 として，空間における人数を 1000 人に固定し，CA 比率を 0.01 から 0.30 まで 0.01 刻みに変化させ，100 ステップ終了後の変革受容率を記録する実験を行った．これも各 10 回の試行を行った．図 4-6 がその結果となる．

結果としては，線形ではなく，ロジスティクス曲線に近似する．変革受容率の上昇率は CA 比率が 0.10 付近から急に高くなり，0.20 付近で急に低下

人数 1000 人　　CA 比較変化

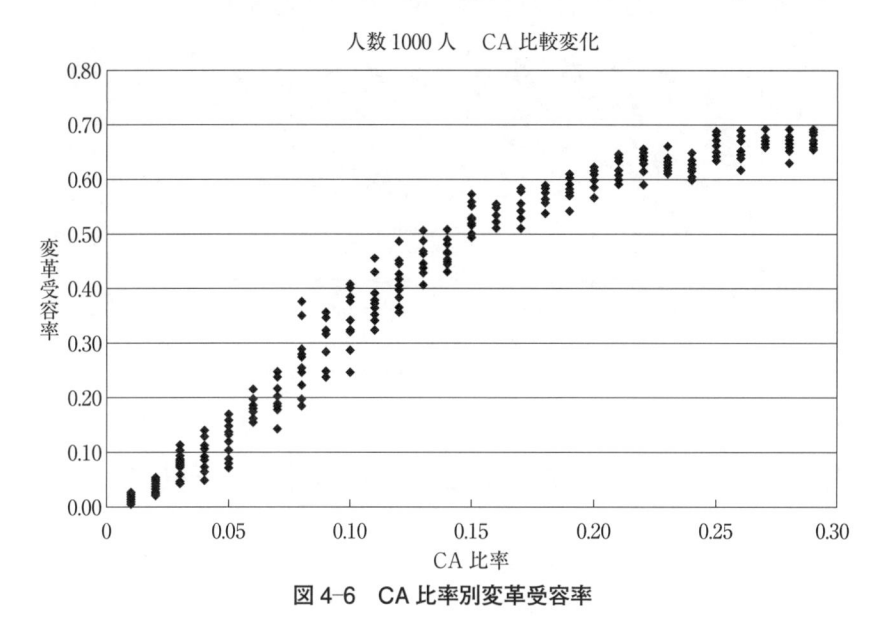

図 4-6　CA 比率別変革受容率

する．これを全社変革プロジェクトに読み替えるとすると，いくら適切なチェンジ・エージェントを選んだとしても，10 人に 1 人以下の少ない人数では影響力の発揮を期待することが難しいということになる．また，やみくもに人数を増やせばその分の効果が期待できるとは限らないことを意味する．

4.2.5. 実験 3 とその結果

実験 3 として，空間における人数を 1000 人に固定し，CA 比率 0.10 から 0.15 まで 0.01 刻みと 0.05 と 0.01 の場合を 1 ステップから 100 ステップまで試行した変革受容率の結果を記録した．それが図 4-7 となる．

全体として，初めは大きく変革受容率が変動するが，ある一定の受容率の幅の中に収束する動きをみせる．チェンジ・エージェントが一定の割合で存在しないと変革の受容率は一定の幅を維持できないことがわかった．これを変革プロジェクトに読み替えるとすると，変革の定着には相応のコストがかかることがわかる．

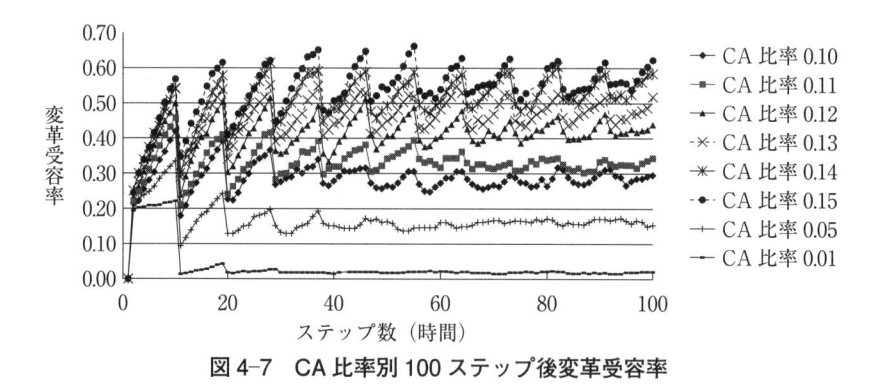

図4-7 CA比率別100ステップ後変革受容率

4.3. チェンジ・エージェントインタビューについて

本シミュレーションのモデル設計開発・実験の結果とともに，全社変革プロジェクトにおける筆者の経験や，チェンジ・エージェント経験者らへ行ったインタビューの要約は次の通りである．

①変革に関する全体オリエンテーションが行われただけの初期の段階では，プロジェクトの目標である大きな夢を語るので，受け入れ意欲が高まるが，自分たちの個人的利益の視点での現実的な詳細が時間とともに理解され，一気に変革への受容ムードが低下した．
②チェンジ・エージェントの選定においては，1部門単位で1名を最初に選定している．しかし，10名から20名の組織である場合には1名では難しく3～4名に増やして成功している．
③チェンジ・エージェントとして選定された人，活躍できた人の特性としては以下のようなものである．
・リーダーとしての資質がある．または，現実にリーダークラスである．
・現場の人々から共感の得られる人である．
・現場の人々と接触頻度が高い人である．
・机に座っているより，よく動き回る人である．
・コミュニケーションが上手な人である．

4. ステークホルダーの変革ジレンマ・シミュレーション

- 現場の人々から本当の意見や気持ちを多くもらえる人である．
- 変革プロジェクトの取り組みテーマについての専門能力よりも人間的な能力がある人である．

④チェンジ・エージェントの実際の行動特性は以下のようなものである．
- チェンジ・エージェントとして任命され，役割が明確化されているため意見や意思にブレが少ない．
- 責任をもって変革をやり遂げようとする意識が生まれる．
- 変革という目標達成によるプラス評価ということもあるが，それよりも，変革を推進することに意義を見出すことがモチベーションにつながる．
- 「選ばれている」ということも，チェンジ・エージェントにとってのモチベーションとなる．

⑤実際のチェンジ・エージェントとしての活動は次のようなものである．繰り返し，メンバーに対してミーティングを設定し，説明を行うなど，多頻度小時間のコミュニケーションを実施する．基本的にはプロジェクトの期間はその頻度を下げない．また，最初に説明したことを何回か後に再度説明するなど工夫をする．それでも，忘れる人がしばしば発生した．

⑥大きな変革における賛成の人は，10人のうち1，2名が賛成の割合であった．経営からのトップダウンによる変革の場合だと，賛成となる人はもっと少ないケースもある．賛成の人が増えたので変革が受容されたと考えて現場に任せると，いつの間にか違う方向に勝手に解釈して，もとに戻ることがしばしばである．

⑦変革に賛成でも反対でもないニュートラルな人が発生した．ニュートラルな人は，自らの立場から利害を明確に認識するのが難しい人であった．

⑧ニュートラルな人は，賛成，反対の態度が非常に揺れ動いた．同じ人が時には反対，時には賛成というように状態が何度も変化した．そして，ニュートラルな人の中には，変革に対してどのように考えているのか，どうしたいのか，わからない人もいた．

⑨変革に対してジレンマな人が存在した．全社規模のメリットは論理的に理解できるが，人員圧縮に結果的につながる印象をもち，積極的に受容する

ことができない人がいた．全社規模のメリットは論理的に理解できるが，現状の仕事が非常に忙しいうえに，さらに忙しくなる予想がされたため，積極的に受容することができない人がいた．

⑩懐疑的な人としては，自らや自部門は楽になるが，現場は混乱するため全体としては利益が低いと考える人がいた．現場の入力判断能力の低い人が入力すると，不正確なデータが大量に発生し，会社全体として不利益になると考える人がいた．また，個人的には様々なデータがみえるので利益が高いが，会社全体としては情報開示が進みすぎて不利益になると考える人がいた．一時的に部門の業績が良くなるので，現在の自分や部門には利益があるが，長期的には部門や全社が疲弊してしまうので，全体の利益が低いと考える人がいた．短期的には，業績が上がるが，実際のデリバリー品質が伴わない恐れがあるため全社的な利益が損なわれると考える人がいた．

⑪そして，最後に変革プロジェクトにはっきりと反対し，距離を置く人がいた．それは組織全体や個人的価値観から利が失われると考えた人である．

以上の現象は，複数のプロジェクトにおいて共通して観察される現象であり一般化できると考えられる．

4.4. インプリケーション

モデルシミュレーション実験とケースからのインプリケーションをまとめると次のようになる．

①現実の企業における変革プロジェクトに対してステークホルダーには様々な全体的・個人的利益対立があるが，その心理的受け止め方は，賛成，反対，ニュートラル，ジレンマ，懐疑の5つの状態に区分できる．

②全社変革プロジェクトのアナウンスにより最初は受け入れ期待が高まるが，それにより受容されると考えるのは早計である．

③経営トップやプロジェクトマネジャーなどのリーダーシップだけでは，プ

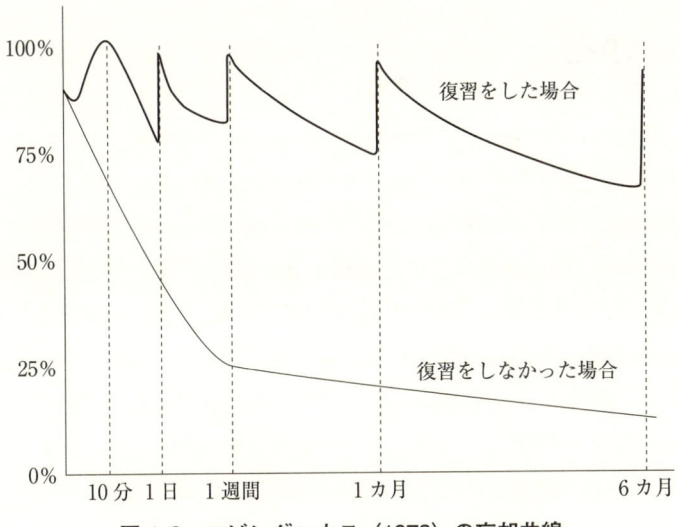

4. ステークホルダーの変革ジレンマ・シミュレーション

図4-8 エビングハウス (1978) の忘却曲線

ロジェクトの成果による変革をステークホルダーが受容する確率は低い.
④チェンジ・エージェントとして10人に1人程度を選定し任命しても変革を成功させるには少ない.
⑤チェンジ・エージェントの単純増員に比例して変革受容率の向上が起こらない場合も考えられる.
⑥ステークホルダーの変革への受容と非受容は揺れ動くためチェンジ・エージェントは変革が継続する限り必要である.

そして, 教育において一般的な知見である, 図4-8のエビングハウス (1978) の忘却曲線は, 学習効果は復習しなければ忘れられ, 何度も繰り返し教えられ, 思い出したり, 忘れたりを繰り返すことを示している. 本章のシミュレーションはそれと類似した状況を, シミュレーションで再現したともいえる.

4.5. 小括

　本章の研究の独自性は，ステークホルダーにおける変革プロジェクトの組織全体的利益と個人的利益の2軸により行ったことである．そして，企業内部の複雑な現実をモデル化した．また，経営層のリーダーシップによる変革は，全体最適的な利益をもとに，組織全体を説得するものと考えられるため，本章でいうと組織全体的利益の1つの軸に焦点を当てているともいえる．その現実的な問題点を補うものでもある．

　今回のシミュレーションは，初期モデルともいうべきものであり，チェンジ・エージェントの中にフリーライダーが発生するケースや，ジレンマから抵抗を示すステークホルダーの中には説得できると強力なチェンジ・エージェント化する人物の存在など，今後盛り込むべき興味深い点がある．引き続きデータを収集・分析し，モデルを精緻化していきたい．

5

プロジェクトステークホルダー 新旧 KPI 比較ツールをもちいた抵抗予測

　これまで，3章および4章では，新たな技術や新たなやり方を採用する変革プロジェクトのメンバーの不適応の原因と，その対処を検討してきたが，そのような変革プロジェクトが生み出す成果の導入においても，その受容に対して，ユーザーの抵抗が考えられる．こうした問題に，3章および4章の成果を適用することはできないと考えられる．

　オペレーション組織のユーザーは，多様な目的や機能を担う人々であり，プロジェクトメンバーのような専門家ではない場合が多い．変革プロジェクトの成果の導入を実施するためには，そうしたユーザーの導入への抵抗を予測し，対処を講じなければならない．そのため，本章においては，プロジェクトステークホルダーの変革への抵抗予測について，プロジェクトマネジメント方法論策定のための一般的なアプローチにより，その予測の方法論を検討する．

　今までにないプロジェクト成果を，オペレーション組織に導入することを目的とした変革プロジェクトにおいては，狭義のプロジェクトステークホルダーであるユーザーの抵抗への対処方法が必要とされる．しかし，その抵抗への対処を期待されているチェンジ・エージェントが，プロジェクトステークホルダーの変革への抵抗を，網羅的かつ的確に予想することは困難である．その予測のため，プロジェクトの構想段階において，そのプロジェクトの成果が導入された後の，組織やプロジェクトステークホルダーの新たなKPI（Key Performance Indicator：主要業績評価指標）を定義し，その新旧を比較することが有効であると考えられる．なぜなら，戦略やプロセス，情報システムの変革では，関連するKPIの変更を，必要とする場合が多い

からである．そこで，本章では，変革プロジェクトの構想段階において，プロジェクトの成果導入後のプロジェクトステークホルダーの新 KPI を定義し，旧 KPI と比較することでステークホルダーの抵抗を予測することを，プロジェクトマネジメント方法論として提案する．提案にあたり，プロジェクトステークホルダー新旧 KPI 比較ワークシートツールとその利用ガイドラインを作成し，その試行結果を，プロジェクトマネジメント有識者に評価してもらうこととした．

5.1. 目的と背景

5.1.1. 研究の目的とアプローチ

ERP（Enterprise Resource Planning）などの情報システム導入のような変革プロジェクトでは，狭義のプロジェクトステークホルダーであるユーザーの抵抗のため，プロジェクトが進捗しないケースがある．そして，先行研究によると，変革導入における受容の促進のためには，チェンジ・エージェントの設置と，その適性のある人材の任命が必要であるとされている．しかし，チェンジ・エージェント自身は，抵抗の対処方法として，具体的に何をしたらよいかわからない場合がある．中でも，変革に対して，個々人が抵抗する可能性は認識されているが，誰が抵抗するのか，その強さはどのくらいか，事前に予想することができず，チェンジ・エージェントは，抵抗への対処が後手に回るため，役割を果たせていないと考えられる．そのため，次のような課題に対して取り組んだ研究の成果，「ユーザー（狭義のプロジェクトステークホルダー）の変革プロジェクトの成果の導入への抵抗をどのように予測するか」を報告する．

本章の目的は，プロジェクトの成果の導入に対する，ユーザーの抵抗を予測するための具体的なツールを開発することである．また，研究アプローチとしては，ユーザーの抵抗を予測するツールを，プロジェクトマネジメント方法論として作成し，その有効性を有識者に確認する方法をとる．そして，変革プロジェクトの代表的な例として，ERP 導入プロジェクトを研究対象とすることとした．なぜなら ERP 導入プロジェクトは，ユーザーに対して，

出来合いの業務アプリケーションソフトウェアのコンセプトや機能を，そのまま活用することを求めることで，変革を明確に迫るものであるからである．さらに，ERP 導入プロジェクトに，抵抗するユーザーの特徴を，チェンジ・エージェント経験者にインタビューする．そのチェンジ・エージェントへのインタビューの結果と，ERP 導入の特徴やコンセプトを考慮したうえで，ツールの開発を行う．そして，そのツールの試行を行い，その結果から，ツールの有効性を有識者に確認することとする．

PMBOK（2009）にあるように，PMBOK や P2M などのプロジェクトマネジメント方法論は，プロジェクト関係者に利用されて効果のあった方法（知識）が，プロジェクトマネジメント経験と知識をもつ有識者に客観的に評価され体系化されている．本章の研究アプローチも，プロジェクトマネジメント方法論を策定する場合と同じアプローチを採用する．つまり，プロジェクトマネジメント経験にもとづく知見から，形式化のためにプロジェクトマネジメントツールを作成して，その妥当性評価をチェンジ・エージェント経験者でありプロジェクトマネジメントの有識者である有識者によって，客観的に実施してもらう方法をとっている．

また，PMBOK（2009）は，プロジェクトマネジメント方法論の一部として妥当かどうかの評価基準について，「実際のプロジェクトに適応できること」，「価値の同意があること」，「有用性があること」，「プロジェクトの成功の可能性を高めるという合意があること」の 4 つの観点で合意があることと定義している．本章で，プロジェクトマネジメント方法論の一部として開発したツールとその利用ガイドラインが，妥当かどうかの評価基準についても，この 4 つの観点による合意にもとづき，プロジェクトマネジメントの有識者でもあるチェンジ・エージェント経験者に妥当性を確認することとした．

次に，方法論作成のアプローチであるが，P2M（2001, 2003, 2004, 2005, 2007）の作成者である小原（2000）は，PMBOK などの方法論の策定プロセスのレビューから，プロジェクトマネジメント方法論の策定において「知識フレームワーク形成・ステップ法」を提案している．それによると，第 1 ステップにおいて，研究問題の設定を行う．第 2 ステップでは，獲得された

事例素材の問題発生から問題解決までの一連のプロセスを記述する．第3ステップでは，個別研究として，事象発生における因果関係を有識者で討論する．第4ステップでは，方法論の探索研究として，客観的な視点から方法論の適用基準の形式化を行う．第5ステップでは，現実世界への方法論適用として，現実社会の特殊事象に対して説明可能な一般化が期待されるとする．そして，プロジェクトマネジメント方法論の策定までの一連のプロセスとしては，第4ステップまでが範囲となるとし，第5ステップにより，そのプロジェクトマネジメント方法論の改善による，新たな方法論の作成の循環が始まるとする．以上を図示すると，図5-1となる．

　本章では，小原（2000）が提示した，第1ステップから第4ステップまで

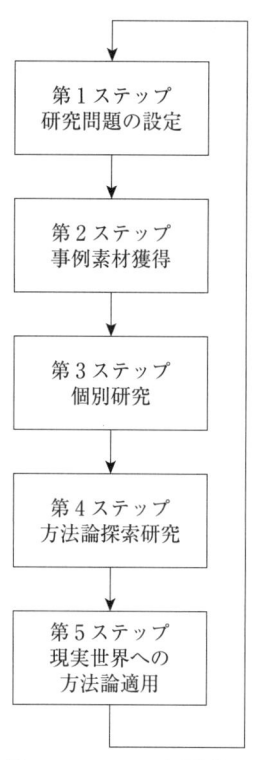

```
┌─────────────┐
│  第1ステップ   │
│  研究問題の設定 │
└─────────────┘
       ↓
┌─────────────┐
│  第2ステップ   │
│  事例素材獲得   │
└─────────────┘
       ↓
┌─────────────┐
│  第3ステップ   │
│  個別研究      │
└─────────────┘
       ↓
┌─────────────┐
│  第4ステップ   │
│ 方法論探索研究  │
└─────────────┘
       ↓
┌─────────────┐
│  第5ステップ   │
│  現実世界への   │
│  方法論適用    │
└─────────────┘
```

図5-1　知識フレームワーク形成・ステップ法
出所：小原（2000）p.113を参考に筆者作成

により，ツールとその利用ガイドラインである方法論を策定し，第5ステップの一部として，試験的に利用を実施した結果から，その妥当性をPMBOK（2009）がいう4つの観点から，プロジェクトマネジメント有識者に確認することとする．

5.1.2. 研究の背景

宮入（2005）やロジャーズ（1990）にあるように，変革に対するステークホルダーの抵抗に関して，チェンジ・エージェントによるその変革受容の促進が必要とされる．しかし，プロジェクト実施の事前段階である構想段階において，抵抗を予想することは困難である．そのため，プロジェクトがつくり出す成果である経営戦略やビジネスプロセス，情報システムが導入されるオペレーション組織のプロジェクトステークホルダーの抵抗を，構想段階で分析する方法の確立ができれば効果的である．

しかし，現在のプロジェクトマネジメント方法論では，その抵抗を予測するための方法は考慮されていない．ERP導入プロジェクトに代表される，戦略やプロセス，情報システムの変革プロジェクトでは，その新たな業務のKPIを必要とする場合がある．そして，KPIの変更や追加が発生することが考えられる．

本章では，そのような変革プロジェクトの構想段階において，抵抗を予測するため，プロジェクトステークホルダー（ユーザー）のKPIの変更を分析・比較することの有効性を考察する．

モンク＆ワグナー（2006）によると，近年，ERP導入による企業変革のプロジェクトが実行されてきたとしている．BI（Business Intelligence）のIT概念を包含する，ERPの経営情報技術により，リアルタイム（いつでも）に経営データが取得できるため，常に，問題発見（Check）・問題解決（Act）・計画見直し（Plan）・実行（Do）を行うことが技術的に可能となった．そのため，ERPなどの情報システムを導入することで，意思決定が迅速で，現場が問題解決を自律的に行うことのできる組織能力の獲得を目指す変革プロジェクトを実施する企業が現れている．それは，経営結果である財務指標だけではなく，それに先行するKPI情報の取得による，PDCAの短

サイクル化（多頻度化）を目指している．

本章で扱うKPIの定義は，キャプラン＆ノートン（2001）にもとづき，戦略や方針を実現するための，業務プロセスの成果や進捗を測定する目的で設定される指標としている．業務プロセスの結果である財務数値などの成果指標が，一般的なKPIであるが，「引き合い案件数」，「顧客訪問回数」，「歩留まり率」，「解約件数」などの先行指標もKPIとなる．これらのKPIを，日次・週次など一定期間ごとに，その実績数値を計測し，プロセスの成果を管理する．一般的なKPIである財務指標が，プロセスの目標（ゴール）として達成したか否かを定量的に表すものであるのに対し，近年のKPIは，プロセスの実施途中の進捗状況を計測するために，実行や進捗の度合いを定量的に示す指標が設定されるようになっている．

さらに，モンク＆ワグナー（2006）によると，ERPの登場によって経営目標達成に向かって，プロセスが適切に実施されているかどうかを中間的に計測するため，新たなKPIの設定がされるようになってきたとする．ERPを活用した情報システム導入によるKPI情報は，現場と経営の間にある新しさ，つまり情報の鮮度や取得単位の細かさといった詳細さの格差を緩和し，これまで現場で隠されていた問題が発見され，その解決を，現場に対して迫ることになる．

たとえば，国内外市場向けに国内生産を行っていた頃は，工場内の原価低減が，そのまま企業の利益管理になったが，現在では，グローバルの生産拠点，在庫拠点，販売拠点，本社・海外拠点の間接部門における業務全体の効率性・戦略性の監視による利益管理が必要になった．そのため，全世界のこれまで問題視されなかった，間接部門の業務のKPIまでを測定し，現場，拠点相互，そして本社から問題発見・解決を監視することで，他社からの競争優位を構築することが望まれるようになった．近年では，新たなKPIをリアルタイムで監視するサイクルを構築することが望まれ，そのKPI情報取得のため，情報システム導入を目的とした変革プロジェクトが実行されるようになっている．

キャプラン＆ノートン（2001）によると，KPI定義の手法として，日本で開発されてきたものとしては，TQM（Total Quality Management：総合

的品質管理）における，方針管理[1]が，一般的であり，欧米では，彼らが開発したバランススコアカード（以下，BSC と略す）が，一般的であるとしている．

長田他（1996）によると，外部環境の変化や他社動向などのマクロの戦略変化にもとづき KPI を定義するには，BSC のフレームワークを利用するのが適しており，ミクロである内部環境からの戦略変化については，ボトムアップによる方針管理により実施されるのが適しているといわれてきたが，方針管理もマクロからの戦略の変更まで取り込んで，どちらのアプローチもとれる手法として発展しているとしている．

よって本書の研究では KPI 定義の手法は BSC と方針管理などの区分は特にない．新しい業務プロセスや情報システムの導入の目的さえ明確であれば，その達成度を測るための KPI を検討する方法は，両者とも同じであるという立場をとっている．両者に違いがあるのは，戦略目標の決め方に違いがあるためである．つまり，情報システムや業務プロセス改革の構想策定の作業で，その戦略目標が決定されるため，KPI 定義側は，それにもとづき KPI を検討するからである．

また，実際に KPI を検討する方法としては，「資本効率向上」，「収益率向上」，「市場シェア拡大」などの戦略目標を，「稼働率」，「キャンペーン効率」，「製品開発リードタイム」などのプロセス指標へゼロから検討する方法と，KPI データベースや業界別の KPI テンプレートを利用して適合するかあてはめてみる方法[2]がある．前者は，決めるまでに労力・時間がかかり，後者は労力・時間は効率化できる．ただし，後者は，企業特性を考慮した KPI とはなりにくいと考えられている．両者の良い点を合わせて，実施するのが効果的であるだろう．

そして，独立行政法人労働政策研究・研修機構（2004）にあるように，近年は，成果主義人事制度を導入する日本企業の割合が急速に増加してきてお

---

[1] たとえば，高須（1997）などに方針管理の KPI 定義手法が述べられている．
[2] たとえば，次のような HP に KPI データベースや KPI テンプレートがある．
http://www.sap.com/solutions/businessmaps/index.epx および http://kpilibrary.com/categories/scor

り，KPIは，個人にとって報酬と連動するものとなっているとみることができる．

近年は，全社最適の目的で，戦略策定からERPなどの情報システム導入までを含めた変革プロジェクトが行われるため，全社による協働的取り組みが必須条件となっている．従来の変革プロジェクトのように，特定部門内の品質向上や効率化，コストダウンが目的であったときは，当該部門が一丸になって取り組めば成果を獲得できた．その一方で，戦略目的実行には利害や目的が異なる立場の全部門関係者に対し，新しいKPIを納得させ，人・組織の意識や認識を変えることが必要になる．しかし，大きな戦略の変更には人・組織の強い心理的抵抗が発生する．筆者の経験でも企業における最もリーダーシップをもつ存在として，CEOなどのCXOが，変革プロジェクトに参画しているが，人・組織の強い心理的抵抗のため，プロジェクトが進捗しないケースがあった．

PMBOK（2009）などのプロジェクトマネジメント方法論では，全体最適的なメリットで，変革プロジェクトを推進することを推奨しているが，その変革のメリットは，現場のユーザーにおいてデメリットと感じられる場合があることが考慮されていないともいえる．その変革プロジェクトの成果の導入により，同時に起こることがKPIの変更・追加である．そのため，オペレーション組織へのプロジェクト成果導入の現場では，ユーザーの新KPIに対する利害が発生する．チェンジ・エージェントが変革プロジェクトによるKPIの変更を事前に把握し，その新旧比較により，現場の抵抗の対策を事前に用意することで，変革プロジェクトの失敗リスクが軽減されるであろう．よって，狭義のプロジェクトステークホルダーであるユーザーの新KPI定義から，新旧KPI比較による抵抗予測までを，プロジェクトマネジメント方法論の一部とすることを提案したい．

5.1.3. ERP導入プロジェクトについて

本章では，変革プロジェクトの代表的な例として，ERP導入プロジェクトを研究対象として取り扱うこととしている．そして，そのERP導入プロジェクトにおけるチェンジ・エージェントを，抵抗の予測を検討するため，

事例収集のインタビュー対象としている．そのため，ここではERPを導入することは，どのようなコンセプトを導入し，企業の変革を行うこととなるのかをみる．

モンク＆ワグナー（2006）は，ERP導入により業務のマネジメントの仕方が変革されることを，代表的なERPである，SAP社製のERPソフトウェアのR/3のコンセプトと導入事例から述べている．その内容をまとめると，ERP導入による企業変革は，次のようなコンセプトの導入によるものということができる．

〈ERPのコンセプト〉
- PDCAの実行：人，モノ，金，資産，情報などの企業経営資源の効率的な利用のための，計画，実行，計測，再計画を実施できる．
- 財管一致：財務会計と管理会計（現場プロセスの評価）が一致するため，業務プロセスの品質を財務成果につなげて測れる．
- 全体最適：一元データベースであるため，企業全体の基幹業務のアプリケーションを統合した，全体最適（個別最適ではない）を目指したコンピューターソフトウェアである．
- リアルタイム：リアルタイム（情報の即時処理）であるため，常に経営資源の投入と経営成果の産出の効率が計測される．
- 管理範囲の拡大：多通貨，多言語であるため，管理範囲が広がることになり，業績評価範囲もグローバル化が進むきっかけとなる．
- KPI自動計測：導入すると，様々なKPIが自動的に計測される．

変革プロジェクトの代表例としてのERP導入プロジェクトが，以上のような変革であることを念頭に置いて，そのプロジェクトのチェンジ・エージェントへのインタビューや，筆者自身の経験による事例研究を行う．

5.2. 変革プロジェクトのチェンジ・エージェント経験者へのインタビュー

2009年8月に，異なる変革プロジェクト（ERP導入プロジェクト）のチェンジ・エージェント経験者6名へのインタビュー[3]を行った．各ERP導

入プロジェクトには，次のような特徴が共通してみられた．

〈チェンジ・エージェント6名のインタビュー結果の共通事項〉
- オリエンテーションなどの時点であるプロジェクトの初期段階では，プロジェクトの目標である組織の大きな夢が語られる．そのため，受け入れ意欲が高まるが，個人や個別組織における KPI が厳しくなることが判明したユーザー（ステークホルダー）において，変革（ERP の導入）への受容意欲が低下した．
- ユーザーのうち，誰が変革に対して賛成するのか，反対するのか，表面的には判別がつかないため，予測できない．
- ユーザー要求定義が，ユーザー側の様々な理由（多忙，病気，急用など）から，困難であった．そのため，ユーザーの受け入れテスト時点での変更要求数が多い．
- チェンジ・エージェントは繰り返し，ユーザーとのミーティングを設定し，組織全体の目的や変革のメリットを説明する．そして，それを何回か繰り返すが，それでも，忘れる人や無視する人が何度も発生したと感じている．
- 組織全体にとって変革のメリットがあったとしても，個人的なデメリットがあれば，抵抗を示す人がいる．
- 現場での抵抗についての対処方法は，チェンジ・エージェントに任されており，チェンジ・エージェントは，何をしてよいかわからない場合が多い．それに対して，経営層やプロジェクト側からは，何らかの有効なツールは与えられていないということが共通していた．
- 現場と経営層やプロジェクトの間で板挟みとなり，両方の目的や要求などからの期待を汲むことができずに悩んだ．
- 比較的大人数の組織に対して，チェンジ・エージェントとして任命される人の人数が，少ない（平均約3％，最大7％，最低0.2％）．全員が，共通して人数が足りないため業務負荷が高かった．また，変革の受容を

---

3 チェンジ・エージェント経験者6名のプロフィールについては，「5.6. プロジェクトマネジメント方法論としての妥当性の確認」の中で紹介している．

5. プロジェクトステークホルダー新旧KPI比較ツールをもちいた抵抗予測

促進するには，人数が不足していたと感じている．

〈チェンジ・エージェント6名のインタビュー結果の個別事項〉
- KPIが，厳しくなる内容としては，各プロジェクトで個別ではあるが，KPIの数などの量的変化，KPIの質的変化（財務数値などの最終的な結果指標から，業務プロセス途中の指標への質的な変化），KPIの測定頻度の多頻度への変化（月次から，日次への回数頻度の変化），KPIの分析項目単位が細かくなること，これまで組織別であったKPIの測定が，個人別の業績評価指標として設定されることなどがあげられた．
- プロジェクトから，チェンジ・エージェントとして活動するため，何らかのツールを与えられたメンバーは，6名中4名である．残りの2名は，何も与えられていない．与えられた4名のうち，2名は，業務改革による改善メリット項目の一覧を与えられている．残りの2名のうち1名は，新業務マニュアルを与えられている．あともう1名は，プロジェクト情報の社内WEBサイト掲示板，テレビ会議，新業務Q&Aマニュアルがツールとして与えられたと答えた．

　これらのインタビューからの示唆として，変革プロジェクトの中でもERP導入プロジェクトの場合には，ユーザーはKPIの変化に対して，抵抗を示す場合があるのではないか，ということが抽出できよう．また，変革を導入される現場ユーザーの抵抗を予測するツールとして，KPIの新旧比較をワークシート化したツールを開発できるのではないかという示唆も抽出された．

　さらに，インタビューにより抽出された現象として，ユーザーの抵抗は，複数のプロジェクトに共通に観察される現象であり，ERP導入のような変革プロジェクトでは，ある程度予測できる現象だと仮定できる．そして，チェンジ・エージェントの全員が，どのユーザーが強い抵抗を示すのか，その抵抗の度合いはどのくらいなのか，その原因は，どこにありそうなのかを事前に予測したいと考えていた．事前に予測できなければ，事前に対応策を検討できないからである．抵抗に出会ってから対応策を考え始めるのでは，対

処が後手に回り，その対処の結果がよくないであろうと考えることもチェンジ・エージェント全員に共通していた．

5.3. 変革プロジェクト事例研究

本節では，変革プロジェクトの代表例として，ERP 導入プロジェクトのケースを考察する．それらは，筆者が関係した複数の ERP プロジェクトである．その考察する際の観点は，ERP 導入により，プロジェクトステークホルダーの KPI がどのように変化したかという点である．また，本章の事例研究では，ケースの記述から，プロジェクトを実施した企業が特定されることを避けるために複数のプロジェクトケースをまとめる形式をとっている．

5.3.1. ERP 導入プロジェクトのケース

筆者が関係した ERP 導入プロジェクト実施企業の多くは，グローバル化の影響による，変化の速さや，海外企業参入などの経営活動における複雑要因増加などの外部環境により，経営の舵取りに悩んでいる．一方で，内部環境をみると，アジアと中国に工場を移転しており，国内の工場数と生産に従事する人員，および生産高が大幅に減少してきている．その結果，東南アジアや中国の賃金が安いことにより，企業の総原価の中に占める製造直接コストの割合が大幅に減少し，企業間のコスト競争は，製造直接コストの競争から間接コストの競争に移行してきている．つまり，トータルコストで競争する必要が生じているのである．

最新の生産方式や製造技術が多くの製造業に普及してきた結果，改善の進んでいる工場の生産設備や製造ラインでは，企業間での格差が大きくつきにくい状況との認識がされている．これらのオペレーション業務を効率的に動かし，経営戦略を実現していくためのポイントとして，全社レベルのマネジメント能力の向上という戦略への転換を迫られていた．

また，今後，持続的に成長するためには，開発・設計組織のマネジメント能力を向上させ，高品質で付加価値の高い製品を短期間で開発していくこと

も必要であった．生産拠点の海外への移転，ならびに中高年層を対象としたリストラによる早期退職と年功序列主義から能力主義への移行をベースとした，人事制度の改革による世代交代化の進行などが進行しつつあった．そのため，製造技術・技能および，管理技術・ノウハウの伝承が，不可能となりつつあるという認識がされていた．

つまり，職人の勘と経験による経営管理能力を重視する状況から，標準化・システム化・定量化による経営管理能力の重視への戦略転換が迫られていたのである．よって，ERP 導入の必要性が認識され，ERP 導入プロジェクトが編成されることとなっていた．そして，それらの ERP 導入プロジェクトケースにおける KPI の変更は，次のようにまとめられる．

- KPI 数の増加：調達・製造・物流・販売拠点の分散から，伝統的な製造原価管理による利益管理から，販売やサービス，間接部門など全体の効率性が当該企業の戦略となったため，新システムを導入して，KPI 数を増加させる傾向にある．
- 個人の KPI の設定：成果主義の浸透により，部署別の集団主義的業績管理から個人業績管理への移行のため，新システムでは個人 KPI を測定できるようにする．
- KPI の質的な変化：結果である財務指標を分析してからでは，アクションが遅れるため，財務結果が出る前のプロセス指標の分析から，アクションをとれるように，新システムでは，プロセス指標を測定できるようにする．そして，Check が，結果の分析からプロセスの分析に変質するため，これまで隠されてきた不効率が発見されることになる．
- KPI 分析頻度の変更：国際会計基準の世界的統一により，財務情報が四半期開示になり，KPI 測定頻度も同様に高まっている．情報システムのリアルタイム化により，日次決算による KPI 測定も可能になり，新システムによる KPI 測定の高頻度化に対する，経営の要請が高まる．
- KPI 計測範囲の変更：情報技術の進展により，地理，時差，通貨，言語などの障害がなくなり，KPI の責任範囲はグローバル化する傾向にある．

以上のような特徴が、ステークホルダーの業績評価の物指しであるKPIの変更が、ERP導入による変革プロジェクトに伴っていた。そして、そのKPIの大きな変更は、業績評価制度の変更でもあるため、それに対する、ステークホルダー個々人の抵抗感は、強いものがあったと考えられる。

5.3.2. ケースにおける新旧KPI比較

5.3.1.のケースにおいては、現状のKPIの分析を綿密に行うことが重要であった。なぜなら、戦略目標と現状のKPIとの関係が弱く、形骸化しており、その状況に隠された、既得権や非効率が潜んでいる可能性があるからである。そして、新旧のKPIを比較することで、新KPIを検討する際に、現状の経営課題を解決するために、どのような戦略にもとづき（何のために）KPIをチェックし、どのような問題を発見し、どのような問題解決アクションをとるかを定義することで、新KPIが設定されることは、全体最適でみるとメリットだが、プロジェクトステークホルダーが個別にみるとデメリットを感じる可能性がみえてくることが判明した。

このことから、KPIの変更の度合いを分析する新旧KPI比較により、個人や組織に対する業績評価を変更することの負の影響を測ることで、プロジェクトステークホルダーの抵抗を予測する必要性があると考えた。

5.4. 新旧KPI比較ワークシートの作成

ここまでのチェンジ・エージェントへのインタビューや、ERP導入のコンセプト、ERP導入プロジェクトケースの考察にもとづき、新旧KPI比較

現状KPI調査分析 → 新KPI定義 → PDCAサイクル定義 → KPI関係分析 → 新旧KPI比較 → ステークホルダー抵抗予測

図5-2　KPI定義から新旧KPI比較ワークシート活用までの流れ

5. プロジェクトステークホルダー新旧KPI比較ツールをもちいた抵抗予測　　93

ワークシートを作成する．本節では，その内容を述べる．

5.4.1. 新KPI定義の方法

　構想段階において，ERP導入による変革プロジェクトの目的の設定，その目指す大まかな要求定義，業務改革の内容などの構想策定が，同時に進行しており，それらの成果を取り込んで，旧KPI調査，新KPI定義が可能であることを想定して開発を行った．その流れの概要図が図5-2となる．

　図5-2では，現状のKPIの調査分析を行い，同時に進行している大まかな要求定義の内容，業務改革，およびERPから自動取得されるKPIを考慮しながら，新KPIをステークホルダー個人別や組織別に作成する．そのうえで，そのKPIを対象とした新PDCAサイクルが定義される．そのPDCAサイクル定義においては，測定頻度やKPI数値から問題発見時の対応など

表5-1　新旧KPI比較ワークシート作成例

組織	個人	新旧／量質	KPI	Check	Action	分析頻度	分析単位	個人指標かどうか	
販売	Aさん	旧→	・売上高（財務）	・予実分析	・予算の見直し	・年次	・製品別	組織のみ	
		新→	・予測精度 ・商談効率 ・顧客満足度指数 ・販売サイクル時間 ・契約の成否率 ・販売時間率	・精度分析 ・効率性分析 ・時間分析 ・確率分析	・予測方法の改善 ・商談方法の改善 ・新規顧客開発方法検討 ・既存顧客深掘方法検討 ・営業間接業務の改善	・期別，四半期別，月別，週次	・販売拠点ごと ・販売地域別 ・国別 ・顧客別 ・販売担当別 ・製品別	個人指標化する	
		量的	5	3	4	4	5		21
		質的	5	5	5	5	5	5	30
		合計	10	8	9	9	10	5	51
マーケティング	Cさん	旧→	・キャンペーン／イベント費用予算・実績対比（財務）	・予実分析	・予算の見直し	・年次，半期	・勘定科目（科目名キャンペーン費用）単位	組織のみ	
		新→	・チャネル別／カテゴリー別キャンペーン／イベント収益率	・仮説検証 ・効果分析	・チャネル見直し ・カテゴリー見直し ・キャンペーン／イベント方法改善	・キャンペーン期間ごと，月次	・勘定科目（費用，売上，利益）単位 ・担当者別	個人指標化	
		量的	0	1	2	0	3		6
		質的	5	5	5	5	5	5	30
		合計	5	6	7	5	8	5	36

注：巻末付録Ⅱから抜粋

も定義される．そして，KPI 関係分析として，KPI と個人や組織との関係を分析する．そのうえで，それらすべての新旧比較ワークシートを作成し，ステークホルダーの抵抗感の予測を行うこととした．

5.4.2. 定義された新 KPI と旧 KPI の比較ワークシート

　新旧 KPI 比較ワークシートの例は表 5-1 のとおりである．

　企業において，業務とその業績評価は，PDCA サイクルにおいて行われる．つまり，計画された業務プロセスの業績結果や，その先行的な進捗指標である新 KPI をチェック（測定）し，新しいアクション（問題解決）をとるサイクルを行う．これにより，誰がアクションのオーナー（主体）であり，そのアクションの頻度や影響度と対象範囲が明確になり，また戦略にもとづく業務の目的が明確になる．そして，この PDCA サイクルを，短いサイクルで回す（頻度を高める）仕組みを構築するために，ERP などの情報システム導入の変革プロジェクトを実施することになる．場合によっては，今まで見過ごされていた責任範囲まで分析の単位を拡大されることもある．

　新旧 KPI 比較ワークシートでは，それらの項目をもとに，変革プロジェクトへの抵抗を以下の観点で点数化している．この観点は，変革プロジェクトのケースの特徴から個別の組織や個人にとって，業績評価が厳しくなると想定される点に対応している．

　それは，以下のような点である．

・KPI が増加していること．
・KPI の質的内容が変化していること．
・結果（財務）指標からプロセス指標に変化していること．
・分析の頻度や範囲が広くなること．
・部門よりも個人の業績評価の変化を重視する．

　そして，次のように各項目を設定し点数化のルールを作成した．

⟨KPI⟩
- KPI が量的に増加していれば，その増加した数をポイント化する．
- KPI の内容が質的に，変化していなければ，1 ポイント，変化していれば，3 ポイント，結果（財務）指標からプロセス指標に質的に変化していれば，5 ポイントとする．

⟨Check⟩
- 分析される軸である分析種類が増えていれば，その増加した数をポイント化する．
- 財務的な分析以外のものが追加されていれば，質的に変化しているとして 5 ポイント，変化していなければ，1 ポイントとする．

⟨Action⟩
- アクションが量的に増加していれば，その増加した数をポイント化する．
- アクションが財務数値の改善からプロセス改善に変化していれば 5 ポイント，変化していなければ 1 ポイントとする．

⟨分析頻度⟩
- 分析頻度のレベルが，年，半期，四半期，月次，旬次，週次，日次と上がるレベル数でポイント化する．たとえば年が，月次になっていれば 3 ポイントとなる．
- 分析頻度のレベルが週次以上の高頻度になっていれば，質的に変化したとして 5 ポイントとする．それ以外は 1 ポイントとする．

⟨分析単位⟩
- 分析単位が増えていればその数をポイント化する．
- 分析単位が部門や地域，会社間をまたいで広がる場合や，財務的な分析単位である勘定科目単位のみから，非財務単位が追加されている場合には，質的に変化したとして 5 ポイントとする．それ以外は 1 ポイントとする．

ここで「分析単位」と「分析種類」の違いを説明する．「分析単位」は，管理会計における企業組織の単位，地域組織，国組織，法人，事業部，事業

領域から，細かな課や係などと，それらに対する勘定科目になる．他方で，「分析種類」は，計画と実績の「予実分析」，予測などの「精度分析」，インプットに対するアウトプットの「効率性分析」などの分析のやり方や目的になる．

〈個人指標〉
・業績を組織ごとに測定する状況から，個人別に測定する状況に変化した場合に，5ポイントとする．つまり個人の成果主義が徹底されることを意味する．これについては，影響をより重視するのであれば，10ポイントとするなど個別の重みづけをして，計算することもありうる．

そして，目安としてのこれらの合計得点から，仮に抵抗度合いを予測する．この目安も PMBOK などの方法論が，その内容は実際のプロジェクトの状況に合わせて改良することを想定しているように，プロジェクトごとに個別の事情を考慮して決めるべきだと考えられる．たとえば，成長傾向の事業組織と衰退傾向の事業組織では，同じ程度に，個人の成果主義を徹底するように KPI を設定する場合でも，その影響度の受け止め方が異なることが考えられる．また，衰退傾向の事業組織でも経営側が，その対策として，社員の締めつけだけではなく，将来のための対策を講じているかどうかによっても，その影響度の受け止め方が異なることも考えられる．その目安としての合計得点ごとの抵抗予測は，以下のようになる．

6〜9点：抵抗は予測されない．
10〜19：弱い抵抗が予測される．
20〜29：抵抗が予測される．
30〜39：強い抵抗が予測される．
40〜　：非常に強い抵抗が予測される．

実際のチェンジ・エージェントが，ERP プロジェクトの構想段階で試験的に利用し作成したサンプルを，巻末に付録Ⅱとして載せているが，その点

5. プロジェクトステークホルダー新旧KPI比較ツールをもちいた抵抗予測　　97

表 5-2　新旧 KPI 比較ワークシートの予測とその結果

組織	個人	KPI比較数値	抵抗予測	実際の行動記録	予測精度 (○△×)
販売	Aさん	51	非常に強い抵抗が予想される	・要求定義セッションに病気や急用の理由で欠席がちであった． ・新人を代理に参加させることが多かった． ・要求定義時に依頼事項（現場への根回しや意思決定，データ作成）の納期を守ることはほとんどない． ・ユーザーの使い勝手に過大な注文をつける． ・要求定義の遅れの理由をSEの力量のせいにして，SEの交代を主張する． ・既存システムの良さを強調する． ・新システムのメリットを過小評価する． ・新たな課題の解決を提案して，そちらのほうが現在のプロジェクトより優先順位が高いと主張する．	○
生産	Dさん	46	強い抵抗が予想される	・要求定義時に依頼事項（現場への根回しや意思決定，データ作成）の納期を守ることはほとんどない． ・スコープ外の過大な要求を行う． ・スコープ外の課題に対する他のシステムの導入を主張する．	○
マーケティング	Cさん	36	抵抗が予想される	・要求定義セッションに病気や急用の理由で欠席がち．	○
経理	Bさん	18	弱い抵抗が予想される	・新システムによる業務の高度化には賛成だが，責任範囲が広がり今の経理の人員の能力では目標を達成できないことを何度も主張した．	○
総務	Eさん	8	抵抗が予想されない	・担当範囲のプロジェクトスケジュールの通りに進捗した．	○

　数づけをした予想結果サンプルに対する，実績を観察から記載したものが，表5-2である．

　その内容をみると，KPI比較数値として定量化を試みた値が高い場合には，実際の行動記録には抵抗と考えられる行動が多く記録されている．この結果から，KPIの変更が厳しい場合には，その抵抗感が強く，プロジェクトに対する支援がなされない可能性が示唆されたと考えられる．予測精度の，○（予測できている），△（どちらともいえない），×（予測できていない）は，この表を6名のチェンジ・エージェントに，試算したKPI比較数値と実際の行動記録を客観的にみてもらい，予測できているかどうかの評価をつけてもらったものである．

5.5. 新旧 KPI の比較ワークシート利用ガイドライン

新旧 KPI 比較ワークシートについては，利用のガイドライン（巻末の付録 I「新旧 KPI 比較ワークシート利用ガイドライン Version1.0)」）を作成しており，実際の効率的な利用を可能としている．それにより，作成したガイドラインとワークシートの実用により，さらなる仮説の検証を行い，ツールを継続的に改善していくことができるようにした．その目次は，次の通りである．

〈新旧 KPI の比較ワークシート利用ガイドライン目次〉
1. 目的と前提
    1.1 ガイドラインの目的
    1.2 ガイドラインの活用の前提
2. 必要性と効果
    2.1 変革プロジェクト構想における新旧 KPI 比較の必要性
    2.2 変革プロジェクト構想における KPI 定義と新旧 KPI 比較の効果
3. 活用主体
    3.1 チェンジ・エージェント
    3.2 チェンジ・エージェントの適性
4. 分析対象
5. 活用手順
    5.1 KPI 定義から新旧 KPI 比較ワークシート活用までの流れ
    5.2 新，旧の KPI 定義について
    5.3 新旧 KPI 比較ワークシート利用手順
6. 成果物
7 新旧 KPI 比較分析結果の活用による抵抗の対処
    7.1 変革への抵抗

7.2　抵抗への対処
　8.　継続的改善について

5.6. プロジェクトマネジメント方法論としての妥当性の確認

　プロジェクト構想段階の新旧KPI比較の有効性の確認として，2009年8〜9月に，異なる変革プロジェクトのチェンジ・エージェント経験者6名へのインタビューを行った．

　6名のプロフィール概要（年齢，勤務先，職種などは，変革プロジェクトでチェンジ・エージェントを担当した当時を記載）は，次の通りである．チェンジ・エージェント経験が，全員1回であるのは，本研究の主題ではないが，「ユーザーとプロジェクトの板挟みになり，苦労する役割であったため，もう1回その役割に任命されたいとは思わない」と全員が答えているため，依頼されても，受諾しないからではないかと思われる．

〈インタビューイーA氏〉
勤務先：大手コンピューターメーカー
職種：システムエンジニア
資格：PMP（プロジェクトマネジメントプロフェッショナル）保持者
年齢：35歳
プロジェクト経験：10年以上，PM経験10回以上
チェンジ・エージェント経験：1回
チェンジ・エージェントを担当したプロジェクト：本社で決めた業務改革とERP導入を，自分の所属する部門の現場に定着させるためのプロジェクトで，チェンジ・エージェントを担当した．

〈インタビューイーB氏〉
勤務先：金融機関
職種：情報企画部門管理職
資格：ITコーディネーター，システム監査人
年齢：45歳

プロジェクト経験：10年以上，PM経験3回
チェンジ・エージェント経験：1回
チェンジ・エージェントを担当したプロジェクト：所属する本社情報企画部門で構築した，新業績評価システム（ERP）を同社のアジア各拠点に導入するプロジェクトにおいてチェンジ・エージェントを担当した．

〈インタビューイーC氏〉
勤務先：大手コンピューターメーカー
職種：システムエンジニア
資格：PMP（プロジェクトマネジメントプロフェッショナル）資格保持者
年齢：28歳
プロジェクト経験：プロジェクト経験5年の中堅社員であり，現場のリーダークラスでもある．
チェンジ・エージェント経験：1回
チェンジ・エージェントを担当したプロジェクト：本社側で策定・構築した業務改革とERPを受容し，定着させるプロジェクト

〈インタビューイーD氏〉
勤務先：大手コンピューターメーカー
職種：PMであり，同社のプロジェクトを統括するプログラムマネジメント部門に所属する．
資格：PMP（プロジェクトマネジメントプロフェッショナル）保持者
年齢：45歳
プロジェクト経験：20年以上，特に100億円超の巨大プロジェクトを成功させた実績がある．10回以上のPM経験を有する．
チェンジ・エージェント経験：1回
チェンジ・エージェントを担当したプロジェクト：本社側で策定した業務改革と新たに構築されたシステム（ERP）を同社のシステム開発部門に普及するチェンジ・エージェントを担当した．

〈インタビューイーE氏〉
勤務先：事業会社
職種：事業部門内情報システム部署．特に事業部の現場の業務に精通している．
資格：ベンダー認定資格

年齢：40歳
プロジェクト経験：10回以上，PM経験5回である．
チェンジ・エージェント経験：1回
チェンジ・エージェントを担当したプロジェクト：個別最適のバラバラのシステムから，全体最適を目的に統合したシステム（ERP）に変更する変革プロジェクトで，新システムの普及を行うチェンジ・エージェントを担当した．

〈インタビューイーF氏〉
勤務先：運輸業
職種：コーポレート内の情報システム部署に所属する企業内コンサルタント
資格：PMP（プロジェクトマネジメントプロフェッショナル），独SAP認定コンサルタント
年齢：33歳
プロジェクト経験：10回以上，そして2回のPM経験がある．
チェンジ・エージェント経験：1回
チェンジ・エージェントを担当したプロジェクト：各拠点に部門別損益，サービス別収支管理システム（ERP）を導入するプロジェクトでチェンジ・エージェントを担当した．

そして，プロジェクトマネジメント方法論の一部とする妥当性については，PMBOK（2009）にあるように，「実際のプロジェクトに適応できること」，「価値の同意があること」，「有用性があること」，「プロジェクトの成功の可能性を高めるという合意があること」の4点にもとづき，プロジェクトマネジメントの有識者であるチェンジ・エージェントに確認することとした．上記の6名のチェンジ・エージェント経験者に行った新旧KPIの比較ワークシートとその利用ガイドラインへの評価を，以下に示す．

〈実際のプロジェクトへの適応可能性〉
・要求定義が確定できていない構想段階でも，プロジェクトの目的と要件概要から新KPI定義はできる．そのため実際のプロジェクトへ適応可能である（6名全員の共通のコメント）．
・ただし，KPI定義をするには，企業の業務プロセスをよく知っている

人が必要であろう（2名の共通のコメント）．

〈価値の同意〉
・チェンジ・エージェントにとって，どのユーザーが強い抵抗を示すのか，その抵抗の度合いはどのくらいなのか，その原因はどこにありそうなのかを，事前に予測する効果はある．
・事前に予測できなければ，事前に対応策を検討できないから，効果はあるだろう．
・抵抗に出会ってから対応策を考えていては，対処が後手に回り結果はよくないことが予想されるため，事前に予測するツールは必要である．
・プロジェクトの開始の事前にユーザーへの影響を把握するために，新旧KPI比較を実施することで，抵抗によるプロジェクトの障害を緩和する対策を事前に考えることができる．
・ユーザーが，反対なのか，賛成なのかは，表面からだけでは予測できなかった，予測し対処を事前に考えるためにも事前のKPI新旧比較が必要であっただろう．
・変革への抵抗が表面化された後では，その対処が後手に回るため，事前に予測できる効果は大きい．

〈有用性があること〉
・新KPIと旧KPIの比較は，ステークホルダーの業績評価の物指しが増え，内容が厳しくなることを客観的に測定できる．そのため，抵抗感の代用的な指標となるだろう．
・昨今は，成果主義人事制度導入により，サラリーマンは，個人の評価ばかり気にして，組織全体のことは考えていない．個人評価が厳しくなることに強い抵抗感があるだろう．
・自分も，個人的にKPIが増えたら気分が悪いので，そんなシステム導入は失敗してほしいと思うかもしれない．そのため，抵抗が予想できるだろう．
・業績評価は，企業人が最も気にしているものなので，抵抗感を新旧

表5-3　本章における方法論作成ステップ作業実施内容

ステップ	各ステップの作業内容	本章での各ステップの作業実施内容
1	研究問題の設定	ERP導入プロジェクトへのユーザーの抵抗予測が，困難であることから，どのように抵抗を予測するかという問題を設定した．
2	事例素材獲得	ERP導入プロジェクトのケースや，チェンジ・エージェント経験者の探索を行った．
3	個別研究	ERPコンセプトおよび，ERP導入ケースの研究，そしてチェンジ・エージェントインタビューから示唆を得た．
4	方法論探索研究	新旧KPI比較ワークシートの作成と，利用ガイドラインの作成により，プロジェクトマネジメント方法論としての適用基準の形式化を行った．
5	現実世界への方法論適用	新旧KPI比較ワークシートを試験的に利用し，その結果をもとに，有識者へ妥当性を確認した．

KPIの比較で予測するのは合理的だろう．

・業務プロセスの変更についての抵抗感も，業務プロセスが変わるとKPIも同時に変わるため，予測できるだろう．

・昨今はEDI（自動で電子情報を交換すること）化により，データ入力を人手では行わないため，新システムで業務量が増えることが少ないため，業務量のインパクトを測定するよりKPIの変更を比較するほうが，抵抗を予測できるだろう．

〈プロジェクトの成功の可能性を高める合意〉

・要求定義の前に抵抗を予測し，事前に対処を考えることにより，要求定義を円滑に進め，ユーザー受け入れテストや，導入時における要求内容の漏れや変更などのプロジェクトのリスクを軽減することで，プロジェクトの成功可能性が高まると考える．（6名全員の共通のコメント）

以上のチェンジ・エージェント経験者6名の評価により，新旧KPI比較による抵抗予測を，変革プロジェクトの構想段階において実施することが，実際のプロジェクトにおける変革への抵抗への有効な対処の一手法であるという結論を得ることができたといえよう．

ERPに代表される情報システム導入を行う変革プロジェクトは，企業の業種や対象とする業務や組織特性により，その生じるプロジェクトステークホルダーへの影響のあり方は異なると考えられる．しかし，変革の以前，以後の新旧のKPIを比較することは，どのような情報システム導入プロジェクトでも共通なため，ステークホルダーの抵抗を予測することで，その抵抗の対処を円滑に行うことの支援となることが考えられる．

また，本章では，プロジェクトマネジメント方法論の作成において，小原(2000)の提案する「知識フレームワーク形成・ステップ法」に沿って，表5-3のようにツール（方法論）作成を行ったことになる．

5.7. 小括

本章では，プロジェクトステークホルダー（ユーザー）の新旧KPI比較を，変革プロジェクトの代表例として，ERP導入による変革プロジェクトの構想段階において実施することで，実際のプロジェクト実施時において，変革への心理的抵抗への対処を事前に検討するきっかけとなることを考察してきた．

全社的な新KPI定義は，容易ではなく，大変な作業であるが，プロジェクトマネジメントの方法論の一部とし，特に情報システム導入による変革プロジェクトの構想段階で，チェンジ・エージェントやPMが利用すべき必要なツールとすることを提案する．それにより，変革プロジェクトへのステークホルダーの抵抗に対する対処が，事前に検討できる．この提案の有効性を確認するために，プロジェクトマネジメント方法論の策定の一般的なアプローチとして，経験のある有識者による客観的な妥当性の確認を行った．しかし，データにもとづく仮説検証による，実証研究を行うことが，今後の研究課題である．

また，実際の効果的な利用を可能とするため，その利用ガイドラインを作成しているが，その作成したガイドラインとワークシートの，実際プロジェクトにおける利用結果のフィードバックから，そのワークシートとガイドラインを継続的に改善していくことも課題である．

6

変革プロジェクトに関するマルチ・エージェント・シミュレーション

　本章では,「2. 変革プロジェクトにおける,プロジェクトメンバーの不適応への対処方法」の視点からの研究を報告する.この目的は,変革プロジェクトにおける不適応メンバーのプロジェクト組織全体への影響を,マルチ・エージェント・シミュレーション（以下,MASと略す）上で再現を試みることで,その影響に対する実務上の有効な対処方法を得ることである.

　そのため,MASを設計開発する必要がある.設計開発のためのエージェントのコンセプトを抽出するために,変革プロジェクトを実際にマネジメントしたPM経験者に,変革プロジェクトの実際をインタビューした内容から不適応メンバーやPMの行動をみることとした.それをもとにMASのためのエージェントのコンセプトやパラメータを特定し,MASを設計開発した.そのMASにより,変革プロジェクトにおける変革不適応への対処としてのPMの機能について実験を実施する.実験の結果として,方向性の共有に対して,少数の不適応メンバーのマイナスの影響が小さくないことが確認された.よって,不適応メンバーが発生した変革プロジェクトには,多様な機能のPMをバランスよく配置すると,方向性の共有の効果が高いことがシミュレーション実験により確認された.

6.1. 目的と問題意識

6.1.1. 研究の目的とアプローチ

　本章の目的は,「1章　はじめに」でも述べたように,次のような課題に対して取り組んだ研究の成果を報告することである.

「新しい技術や新しいやり方を採用する変革プロジェクトでプロジェクトメンバーが不適応となる場合のその影響と有効な対処方法は何か」つまり，変革プロジェクトにおける不適応メンバーの影響の大きさを確認するとともに，それに対する，PMがとるべき対応策を得ることが，本章の目的である．

　また，研究のアプローチとしては，実際のプロジェクト自体が現実社会の中の営みであり，影響の大きさから様々な条件を変化させて実験を行い，その結果を観察することができないため，MASで実験を行うこととする．

　シミュレーション実験の方針として，まず，不適応メンバーが，プロジェクトチームの方向性（新しい技術や新しいやり方）の共有度合いに与える影響の大きさを，シミュレーション実験から観察する．そして，PMの不適応メンバーへのよりよい対処方法を観察する．また，それらの機能を強化して，それらの機能のPMの人数を増やす．次に，PMの不適応メンバーへの，よりよい対処方法の組み合わせを，観察するという手順を踏むこととする．

　また，PMを，プロジェクト内のトップ1名とする考え方もあるが，本書の研究では，PMBOK（2009）に定義されているプロジェクトの管理を行う複数のマネジャーからなるプロジェクトマネジメントチームのマネジャーレベル（たとえば指示監督する責任を担う側のリーダークラス）を含めて，プロジェクトマネジャーたちとして複数を想定している．

6.1.2. 問題意識

　変革プロジェクトの多くは，プロジェクト自体が，その組織を新たな状況に移行させる取り組みであるため，その関係者にとり初めて経験するものである．本研究では，オペレーション組織に導入する成果が革新的であるプロジェクトを「広義の変革プロジェクト」と定義した．また，そのようなプロジェクトは方向性（技術ややり方）も異なる場合があると考えられる．技術ややり方が，今までのプロジェクトと異なり，新たな成果を生み出そうとするプロジェクトを本研究では「狭義の変革プロジェクト」と定義した．その狭義の変革プロジェクトの例としては，ERP[1]で，情報システムをこれまで

構築してきたプロジェクト組織やメンバーが、これまでと全く技術ややり方の違う SOA[2] による、システム構築を目指すプロジェクトがあげられる。また、技術的には既存のものを利用するが、全世界の複数拠点の SCM[3] システムの構築のように大規模で複雑な情報システムの設計開発に、プロジェクト組織やメンバーが初めて挑むような場合も変革プロジェクトだと考えられる。

新たな技術や新たなやり方（方向性）に初めて取り組むようなプロジェクトは、PMBOK（2009）がいうように、段階的詳細化の度合いが強いと考えられる。つまり、プロジェクトが進行するにつれ、新たな技術の利用の修得や新たなやり方の探索が求められる。こうした状況では、現場における混乱や停滞が発生し、最終的には、失敗する可能性があると考えられる。一方、過去に参画したプロジェクトにおいて、その現在の技術ややり方の効率的な利用を確立してきたメンバーが存在する。そうしたメンバーは、プロジェクトを一定の型にはまった作業で実施できると考える場合がある。本書の研究では、そのようなメンバーが、新しい技術の修得や新しいやり方の探索に積極的にならず、従来のやり方に固執する場合を、「変革不適応」の状態とし、「不適応メンバー」と呼ぶこととする。こうしたプロジェクトへの不適応が、プロジェクトの混乱や停滞、失敗を引き起こす場合があると考えられる。そのため、不適応への有効な対処方法を見出す必要がある。

6.1.3. 研究手法として MAS 利用の理由

実際のプロジェクト自体が、現実社会の中の営みであり、様々な条件を変化させて実験を行い、その結果を観察することが困難である。そのため、シミュレーターを利用した仮想プロジェクトを作成し、その実験結果から示唆を得ることが、プロジェクトマネジメント理論の発展に欠かせないといえる。

1　Enterprise Resource Planning の略、統合型パッケージソフトウェアの一種を指す。
2　Service Oriented Architecture の略、Web 技術を基盤とする疎結合のシステム開発手法。
3　Supply Chain Management の略、複数の企業間で統合的な物流システムを構築し、経営の成果を高めるためのマネジメント。

また，シミュレーションの中でもMASを採用するのには，MASが複雑系をベースとしたシミュレーションであるためである．複雑系について米国のサンタフェ研究所のアーサー（1997）は，多くの要素があり，その要素が互いに干渉し，何らかのパターンを形成したり，予想外の性質を示したりするという．そして，そのパターンは各要素そのものにフィードバックする．よって，竹田（1998）がいうように，組織がめまぐるしく変化する環境へ適応する必要がある場合に，個々の構成員の能力をダイナミックに再構成して活用し，個々の能力の総和以上の力を発揮するような，解決策を導き出すためのシミュレーションを実施するのに適していると考えられるからである．

6.2. 変革プロジェクトPMインタビュー

「変革不適応」の発生メカニズムに関する仮説を構築するためには，実際の変革プロジェクトの状況をできるだけ，客観的に把握する必要がある．そのため，変革プロジェクトの経験のあるPMに対して，インタビュー項目を事前に整理し，インタビューを行った．インタビューから，変革プロジェクトに共通する特性を抽出することが目的である．

変革プロジェクトにおける変革不適応メンバーの特性と，その影響についてPMに実際のプロジェクトで観察されたことについて，インタビューを行った．インタビューを行ったのは，次の6つのタイプの変革プロジェクトであり，それぞれのPM，計6名を対象にインタビューを行った．インタビューの実施時期は，2009年12月頃である．

1. スクラッチ開発に慣れた組織におけるERP導入
2. 初めてのオフショア開発
3. 初めての大型合併統合
4. 初めてのJAVA開発
5. ERP導入に慣れた組織におけるSOA開発
6. 新戦略策定・組織改革・新業績評価制度・業務改革・情報システム導入

6. 変革プロジェクトに関するマルチ・エージェント・シミュレーション　109

　そのインタビューの方法は，構造化面接法をとった．構造化面接法とは，必要な情報を一定の基準で得るため，あらかじめ決められた質問項目に従って行う面接法である．構造化面接は，非構造化面接に比べて，面接方法が一定のマニュアルに沿って構成されているため，面接の評価方法が明確であり，信頼性や妥当性の検討が可能である，という特徴をもっている．

　そして，構造化面接としては，プロジェクトの「目的の明確性」，「役割の明確性」などの質問項目を，PMBOK（2009）のプロジェクトの定義を参照して作成し，その質問を6名すべてのインタビュー対象者に同様の手順で行った．インタビューの質問の項目を以下に示す．

①プロジェクトマネジャーの属性（PM経験年数，専門技術，PM等資格）．
　これらは，インタビューの信頼性を確保するため，インタビューの対象者がプロジェクトマネジメントの有識者であることを確認するためである．
②変革プロジェクトの属性（目標の明確性，役割の明確性，目標指向性，有期性，独自性・新規性，定型性・反復性，リスク）．
　これらは，変革プロジェクトに共通する特徴を確認するための質問項目である．これらは，PMBOK（2009）が規定するプロジェクトの特性を参考に作成している．
③変革不適応の特徴
　・属性（経験年数，経験や成功体験）．
　・プロジェクト内での影響力があるか．
　・自己のキャリアや経験をどのようにとらえているか．
　・リスクに対してどのような態度をとるか．
　・プロジェクトの進め方の曖昧性をどのように考えるか．
　・他メンバーが同調するか，または指示をするか，その指示の明確性は．
　・新しい方向性（技術ややり方）に対してどのような態度をとるか．

　この質問を，6名すべてのインタビュー対象者に同様の手順で行った．そして，インタビュー結果の分析は，次のような視点で分析した．「変革不適応メンバーに共通する行動は何か」，「変革プロジェクトにおける共通の状況

は何か」,「変革プロジェクトに共通する状況と変革不適応にはどのような関係があるか」の3点である.

「変革不適応メンバーに共通する行動は何か」という視点から,親和図法をもちいてその行動を抽出し,図6-1にまとめた.

親和図法の分析により,抽出された変革不適応に共通の行動や特徴は,以下である.

- 定型・反復・安定を求める:過去に成功したプロジェクト体験があり,以前のプロジェクトの技術ややり方を重視するため,その慣れた業務を繰り返そうとする.また,それが安全確実,効率的な技術ややり方と考える.
- プロジェクト内での影響力がある:過去のプロジェクトでの実績があるため,自分の意見を強く主張する.影響力がある.ベテランのため発言力がある.

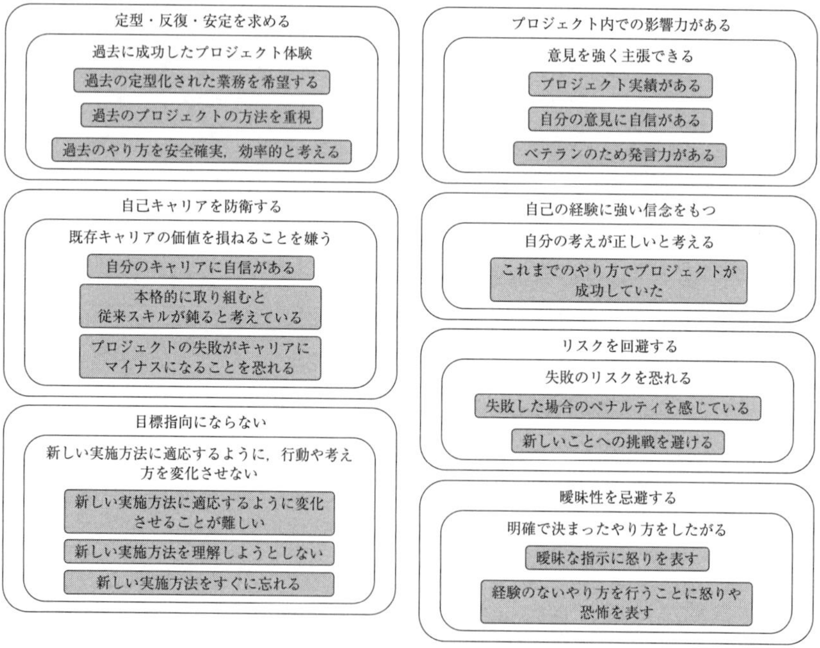

図 6-1 親和図法による変革不適応の分析

6. 変革プロジェクトに関するマルチ・エージェント・シミュレーション　111

- 自己キャリアを防衛する：自分がこれまでの獲得してきた技術ややり方など，キャリアの価値を損ねることを嫌い，変革プロジェクトに本格的に取り組むと，従来のスキルが鈍ると考えている．プロジェクトが失敗することで，自分の将来のキャリアにマイナスになることを恐れる．
- 自己の経験に強い信念をもつ：これまでの技術ややり方でプロジェクトが成功していたため，自分の考えが正しいと強い信念をもつ．
- リスクを回避する：リスクを恐れて，新しい技術や新しいやり方への挑戦を避ける傾向がある．
- 曖昧性を忌避する：慣れた従来の技術や，明確で決まった従来のやり方を使いたがる傾向にある．PM としても，初めての方向性（技術ややり方）のため曖昧な指示しか出せず，不適応メンバーは，その曖昧なやり方や今まで経験のない技術を利用することに，怒りや恐れを表す．
- 目標指向にならない：プロジェクトの途中で，変革プロジェクトの目標や方向性（新しい技術や新しいやり方）に適応するように，行動や考え方を変えない．また変えさせることが難しい．新しい方向性を理解しようとしない．新しい方向性をすぐに忘れる．

　変革不適応となる人には，メンバーレベルと PM レベルがある．それらの共通の属性は以下となる．
〈変革不適応メンバーの属性〉
- プロジェクト経験 5～10 年の中堅以上である．
- 過去のプロジェクトの成功体験がある．
- 変革プロジェクトの実行主体であるが，プロジェクトの方向性（技術ややり方）を目指した行動を起こさない．
- 他のメンバーに，自分の得意とする過去のプロジェクトの技術ややり方へ同調を求める．

〈変革不適応 PM の属性〉
- プロジェクト経験豊富な 10 年以上のベテランである．
- 過去のプロジェクトの成功体験がある．
- 変革プロジェクトの方向性を目指した行動を，メンバーに指示する役割

表6-1 変革不適応メンバーの割合

プロジェクト	全体人数	不適応人数	不適応の割合(%)
1. スクラッチ開発に慣れた組織のERP導入	30	12	40
2. 初めてのオフショア開発	20	5	25
3. 初めての大型合併統合	300	60	20
4. 初めてのJAVA開発	350	130	37.1
5. ERP導入に慣れた組織におけるSOA開発	250	52	20.8
6. 新戦略策定・組織改革・新業績評価制度・業務改革・新システム導入	300	60	20

であるが，従来のプロジェクトの方向性（技術ややり方）をメンバーに指示してしまう．

そして，このような変革不適応の発生により，インタビュー対象の6名のPMは，メンバーがプロジェクトの方向性である，新しい技術を修得したり新しい方法を積極的に探索するように指示したり，その方向性を共有するように指示するために，走り回ったという．また，「変革プロジェクトにおける共通の状況は何か」という視点としては，まず変革不適応メンバーの存在の割合について，各PMにインタビューした．その結果が，表6-1である．

メンバーの行動をPMからみた主観的なコメントであるが，各PMは，一定の割合のメンバーが変革不適応であったと感じていると述べている．表6-1の変革不適応メンバーの人数は，インタビューを行ったPMの主観的な数値ではあるが，参画した変革プロジェクトにおいて，そのようなメンバーが発生していたことを示すものと考えられる．

次に，「変革プロジェクトにおける共通の状況は何か」という視点から，表6-2のように，各変革プロジェクトの軌跡と目標達成過程をまとめた．これも，PMインタビューの結果である．

そして，表6-2から，すべての変革プロジェクトにおいて，新たな技術や新たなやり方に対して，その期待から，プロジェクトの開始から暫くの間は，その方向性（新たな技術や新たなやり方）が共有されるようにみえるが，時間の経過とともに，方向性の曖昧さや難しさなどから，次第に方向性の共有がされず，混乱に陥っていくことが共通的な特徴として確認された．

6. 変革プロジェクトに関するマルチ・エージェント・シミュレーション

表6-2　各プロジェクトの軌跡と目標達成過程のPMインタビューの結果

プロジェクト	プロジェクトの軌跡および目標達成過程
1. スクラッチ開発に慣れた組織におけるERP導入	旧システムなら簡単にプログラムがつくれると不平をいう．ERPの標準システム機能でも業務は可能だが，画面上の表示の仕方などの些細なことまで気になる．中盤を過ぎるまでは，作業が滞る．ユーザー側が新システムの性能の高さを認識するにつれ，それを強く希望するにつれ，旧システムでの開発の成功体験のあるメンバーも状況を理解し，行動を変えるようになる．
2. 初めてのオフショア開発	最初は新しい試みにメンバーの意欲もあり，一致団結して取り組む機運が高まるが，お互いのやり方の違いや，進め方が不明確なためプロジェクトに懐疑的になる．最終的には少しずつやり方もわかってきて，メンバーが目標の方向性を目指す行動をとる割合が少し上昇する．しかし，PMからみるとその行動には不満が残る．
3. 初めての大型合併統合	序盤には，新しいことに取り組む期待から，変革の方向性を模索するメンバーがある程度現れるが，中盤には思うように進まないので方向性を疑い，いわれたことしかしなくなる．新しい方向性への行動するメンバーが極端に減る．終盤になって，先がみえてくるのでメンバーのやる気が少し上昇して，目標の方向性への行動を始めた．
4. 初めてのJAVA開発	PMだけモチベーションが高く，新しい技術への取り組み，試行錯誤に積極的であった．他メンバーは，やり方がわからないため，ほとんどが消極的に取り組む．2名ほどのメンバーが少し協力する姿勢を示したが，ほとんどのメンバーが消極的であることがわかり，消極的になる．メンバーが，終盤になり積極的になり始めた理由は，PMが自らプログラムをつくり，コンセプトの正しさを証明し，やり方を明確に示したことで，皆がやる気になったことによる．
5. ERP導入に慣れた組織におけるSOA開発	先進的なテクノロジーへの取り組みのため，最初は期待感がある．そのため方向性の共有がされる．しかし，途中で自分たちのこれまでの経験が生かせず，やり方が全くわからないことにメンバーが気づきだす．中には今までのプロジェクトのほうが良かったといい出すメンバーが出て，それに同調する人が現れる．新しいやり方が明確になるにつれて，方向性の共有が少しずつなされていく．
6. 新戦略策定，組織改革，情報システム導入，新業績評価制度，業務改革	はじめは，プロジェクトの壮大な目標に対して，メンバーの方向性の共有が高まりをみせる．しかし，実際にプロジェクトでの活動を開始すると，詳細なタスクや進め方の曖昧さが強いため，試行錯誤で探索する必要のある事柄の量の多さに，プロジェクトの方向性に懐疑的な風潮が高まる．そのため，中盤ではチームの方向性共有率が低下する．プロジェクトが進むにつれて，やり方やタスク，役割が明確になり目標の方向性で行動するメンバーが増えてくる．

そして，「変革プロジェクトに共通する状況と変革不適応にはどのような関係があるか」の視点により，PMのインタビュー結果を分析した内容は以下の通りである．

・変革プロジェクトは，難易度が高いと考えられ，それを成功させることを期待されて，経験年数が5年以上の中堅またはベテランが配属されて

いる．そして，過去に成功したプロジェクトの経験をもつ．新しい方向性（技術ややり方）に積極的に取り組むことが期待されるが，それに不適応となる．
- 自分がこれまでに修得した技術ややり方の，未来の価値を損ねることを嫌う．変革プロジェクトに本格的に取り組むと，将来の自分の価値が損なわれると考え，変革不適応になっているように感じられた．
- 新しい技術や新しいやり方が，将来の自分にとって有効ではないと考えているため，変革不適応となっているように感じられた．
- 現在のプロジェクトは，慣れた技術ややり方ではなく，その作業量が多く，難易度が高いため，メンバーが変革不適応になっているように感じられた．
- プロジェクトの方向性（技術ややり方）が共有できていないこと（不統一）や曖昧性を嫌うため変革不適応となっているように感じられた．
- 配属時には，PMは，メンバーに対して変革プロジェクトの意義を説明し，納得させたつもりだが，結果として配属に納得していないため，変革不適応となっているように感じられた．
- PMは，プロジェクトの目的や意義を説明して共感を求めることで，変革不適応メンバーへの対処を行った．あまり効果はなかった．
- PMは，変革プロジェクトがメンバーの個人的な将来に有用であることを説明し，変革不適応メンバーへの対処を行った．場合によっては，それにより変革不適応が弱まったと感じられた．

また，上記のような状況に対して，次のようなコメントを，PMが個別に述べている．
- 変革プロジェクトに適応し，積極的に取り組むメンバーについては，そのプロジェクトに配属される場合の動機が明確であり，配属についての納得感がある．そのため，配属時から常に，今回の新しい技術や新しいやり方を採用して行うプロジェクトが，将来のメンバー個人にとって有用であることを丁寧に説明する必要がある．
- 周囲のメンバーが，新たな技術ややり方という方向性に対して，積極的

ではなくチーム全体の方向性の共有がなされていないと感じているような場合には，メンバーが変革不適応になる場合もあった．これは，周囲のメンバーが，新しい技術や新しいやり方を積極的に活用しようとしていないのに，自分だけが積極的に新しい技術や新しいやり方により苦労をするのは，割に合わないと感じるのではないかと考える．また，他のメンバー皆が，それぞれの得意な技術ややり方に固執するのであれば，自分自身の得意な過去の技術ややり方を思い出し，過去のプロジェクトのほうが自分にとってよかったと考えるため，変革不適応となるのではないかとも考えられる．

6.3. 変革プロジェクト PM インタビューからの MAS 設計開発

6.3.1. PM インタビューからの MAS コンセプトとパラメータの抽出

プロジェクトの MAS を開発するにあたり，PM 経験者へのインタビューから必要な内容を抽出する必要があった．その PM インタビューは，実際の変革プロジェクトの状況をできるだけ客観的に把握するため，そして，プロジェクトにおいて観察したことを思い出してもらうため，その当時の資料などを持参してもらうことを依頼して行った．また，インタビュー項目を事前に整理しインタビューを行った．

6.3.2. PM インタビューからの考察

変革プロジェクト PM インタビューから，変革プロジェクトに共通の状況は，プロジェクトの存続に問題が生じるほど，方向性の共有が進まない状況だといえる．これは，変革不適応メンバーが，新たな方向性（技術ややり方）に対して，個人にとっての将来的な有用性を感じられていないためや，過去の経験プロジェクトの方向性へのこだわりを捨てられないことと関係があると考えられる．また，新たな方向性による作業量が多かったり，それが困難だったりするため，不適応となるのではないかと考えられる．そして，変革プロジェクトにおいては，一定数の変革不適応メンバーが発生する可能

性があり，発生すると，プロジェクトの方向性の共有がなされずに，その存続や目標の達成を危うくする可能性があると考えられる．

不適応となるメンバーには，過去のプロジェクトにおいて，その技術ややり方を修得し，その利用に優れたメンバーが存在する．これらのメンバーは，従来の方向性であれば，慣れているため確実に実施することができる．いわば，「苦もなく目をつぶっていても実施できる」という表現があてはまる．そして，これらのメンバーは，これまでの自身の経験が，新たな技術ややり方のプロジェクトにおいても有用性があると考える場合がある．そのため，過去の方向性に固執する場合がある．また，不適応はメンバーレベルに限ったことではなく，PMレベルでも，従来のやり方に固執する場合はあると思われる．このような考察にもとづき，変革不適応メンバーの影響をシミュレーションにより実験するために，実験用プログラムを設計開発した．プログラムについては，次節において説明する．

プロジェクトメンバーやPMを対象としたMASを開発するにあたって，報酬や懲罰で協調を維持しようとする，アクセルロッド (1998) の「メタ規範モデル」ではなく，働きかけにより影響を与える，山影 (2007) の「影響逸脱モデル」を参考に開発することとした．MAS技法の1つである「影響逸脱モデル」は，相手に特定の行動をさせようとするが，なかなかいうことをきかない場合に，特定の行動を禁止しようとするが，相手がある程度逆らっていうことをきかない状況のシミュレーションである．

プロジェクトメンバーが変革プロジェクトにおいて，こうした働きかけに対して，様々な逸脱をするような複雑な状況が起こる理由は2つ考えられる．1つはプロジェクトメンバーが，変革プロジェクトの方向性（新しい技術や新しいやり方）をとれないのは，意図的な理由ではなく，初めて経験する技術ややり方のため理解が難しかったり，上手に利用できなかったり，PMの指示が曖昧であったり，という報酬や懲罰とは無関係な状況による場合もあると考えられるためである．こうした状況については，インタビュー対象のPMに確認したところ，同意を得ることができた．

2つめの理由としては，プロジェクトが複数の別組織から配属されたメンバーから編成されるため，報酬や懲罰を与える権限は，それらの別組織の所

属長にある場合が多い．よってPMには報酬や懲罰を与える権限が直接にはない場合がほとんどである，とのPMからのコメントがあったためである．また，IT専門家であるプロジェクトメンバーのプロジェクトにおける報酬と懲罰は，そのプロジェクトから有用な技術ややり方を修得できるか否かであると考えられるため，そのプロジェクト内の何らかの報酬と懲罰で意図したようにコントロールしにくいというPMのコメントがあった．つまり，プロジェクトメンバーの報酬と懲罰は，プロジェクトメンバーが自ら自分に与える内的なものであり，PMが直接与えにくいということである．以上の理由から「影響逸脱モデル」を参考にすることが適当だと判断した．

6.4. MAS開発と実験

本節では，これまでに述べたインタビューの結果から開発したMASを説明し，次に，その実験結果について述べることとする．インタビューの結果からMASを設計するにあたり，次のようなコンセプトを抽出した．

- PM方向性指示の曖昧性コンセプト：変革プロジェクトの新しい方向性の曖昧性から，PMの指示も曖昧性が高くなり，メンバーは，その指示も曖昧に受け取るため，その方向性の行動を正確には行えない．
- 変革の方向性へ同調するメンバーコンセプト：大多数のメンバーが，変革の方向性の行動をとっていると認識すれば，同調する．
- 変革不適応へ同調するメンバーコンセプト：変革プロジェクトの新しい方向性の曖昧性から，明確に新しい方向性を否定し，変革不適応するメンバーの主張や行動に説得力があるため，普通のメンバーも変革不適応メンバーに同調する．
- 変革の方向性を指示して回るPMコンセプト：PMは，新しい方向性に皆が従うように走り回り，指示をする．
- 変革不適応メンバーの現状固執行動コンセプト：従来の方向性の行動には曖昧性がないため，その行動が正確である．
- 変革とは反対の方向性を指示して回る不適応PMのコンセプト：従来

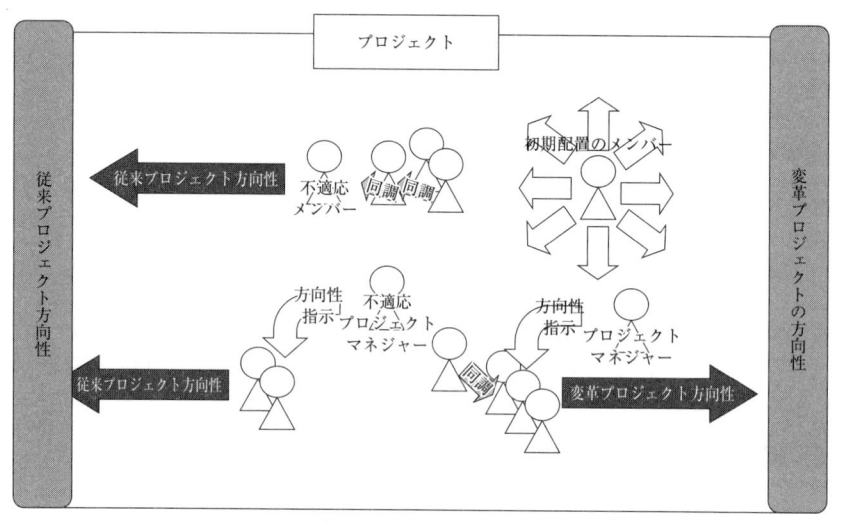

図6-2 変革プロジェクトチームシミュレーション概念図

の方向性を指示して回る PM．

これらのコンセプトを念頭に置いて，MAS を設計開発することとした．

6.4.1. 実験用プログラムの設計開発

変革プロジェクトの PM インタビューにもとづき，設計開発する MAS を「変革プロジェクトチームシミュレーション」と呼ぶこととし，その MAS の実施にあたっては，開発ツールとして，Artisoc2.6（構造計画研究所製）を利用した．開発した変革プロジェクトチームシミュレーションを概念図として表すと，図6-2となる．

そして，実験用の Artisoc 上のシミュレーションは以下のように開発した．このシミュレーションは，MAS 技法である歩行モデルの歩行の方向と，組織としてのプロジェクトの活動の方向性（技術ややり方）をアナロジー（類比）としている．プロジェクトの語源が「前方向（未来）になげかけること」であり，方向性はプロジェクトにおいて最も重要な要素のため，ア

6. 変革プロジェクトに関するマルチ・エージェント・シミュレーション　119

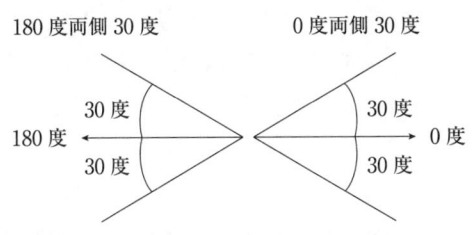

図 6-3　0 度両側 30 度と 180 度両側 30 度

ナロジー（類比）として適当と考えた．

- プロジェクトルーム：空間 X 座標 50，Y 座標 50，ループあり（空間のループとは，上端と下端，左端と右端とがつながっていることを意味する）．ループありとした理由は，エージェントの方向性が，空間の端で変化しないためである．
- プロジェクトメンバー：人をイメージするエージェントとして，初期において，空間にランダムに発生させ，ランダムな方向を向いている．方向性を探索しながら行動することを表現するため，1 ステップごとに距離 0.5 進み，行動の方向を両側角度 30 度の間でランダムとした．これにより，「方向性の曖昧性パラメータ」をプログラミングで表現した．変革プロジェクトの方向性におおよそ行動する（0 度から両側 30 度）メンバーが，自分の周囲 1 の距離内で 80％以上の場合には，同調することとした．0 度両側 30 度および 180 度両側 30 度を図示すると，図 6-3 となる．

　行動の方向を両側 30 度としたのは，インタビュー対象である PM らに確認したところ，両側 15 度では曖昧さが弱くなり，両側 45 度では曖昧さが大きくなりすぎるという印象を述べたため，両側 30 度とした．発生数については，コントロールパネル設定を行い，1〜400 人の間で調整可能とした．

　また，同調する場合を周囲の 80％以上とした理由として，皆が同じ方向性（技術ややり方）をとっているという印象は，周りの 80％以上が，その方向性をとっている状況だろうという PM インタビューのコメントから導き出している．

・プロジェクトマネジャー（PM）：人をイメージするエージェントとして，初期において，空間にランダムに発生させ，ランダムな方向を向いている．1ステップごとに距離1進み，行動の方向を両側角度30度の間でランダムとする．自分の周囲2の距離内のメンバーエージェントを方向づける．これにより，「方向性を指示して回るPMパラメータ」を表現した．しかし，指示する変革プロジェクトの方向性がどうしても大まかで曖昧なため，メンバーエージェントは，次ステップでおおよそ0度方向である両側角度30度の間でランダムに進むこととした．これにより，「方向性の曖昧性パラメータ」をプログラミングで表現した．発生数については，コントロールパネル設定を行い，0～200人の間で調整可能とした．PMはプロジェクトに1人という考え方があるが，ここでは数百人規模プロジェクト内のプロジェクトリーダークラスをPMに含むこととし，複数人を想定している．

・変革不適応メンバー：人をイメージするエージェントとして，初期において，空間にランダムに発生させ，従来のプロジェクトの方向性（180度）を向き，毎ステップ距離0.5進む変革の方向性ではなく従来の方向性（180度）へ，ぶれなく進む．発生数については，コントロールパネル設定を行い，1～400人の間で調整可能とした．

不適応となるメンバーは，自分自身が利用してきた技術ややり方の良さに信念をもっているというPMのインタビューコメントから，その行動（方向性）が，ぶれないこととした．

・変革不適応PM：人をイメージするエージェントとして，初期において，空間にランダムに発生させ，ランダムな方向を向いている．1ステップごとに距離1進み，行動の方向を両側角度30度の間でランダムとする．自分の周囲2の距離内のメンバーの方向を，これまでのプロジェクトの方向180度に向ける．メンバーは，次ステップで，おおよそ180度両側角度30度の間でランダムに行動することとした．発生数につい

6. 変革プロジェクトに関するマルチ・エージェント・シミュレーション

表6-3 4つのエージェントのコンセプト定義

	エージェント	コンセプト定義
1	メンバー	・PMの曖昧な指示をもとに，変革プロジェクトの曖昧な方向性を探索しながら，活動を行う． ・周りのメンバーが，変革に適応（変革の方向性へ進む）していれば，同調する機能（同調機能）をもつ．
2	PM（指示PM）	・プロジェクトメンバーに対して，変革の方向性で活動するように，曖昧な指示を与える．
3	変革不適応メンバー（不適応メンバー）	・自分の慣れた方向性（変革の方向性とは反対）で，活動することに固執する．
4	変革不適応PM（不適応PM）	・プロジェクトメンバーに対して，自分の慣れた方向性（変革の方向性とは反対）で，活動するように指示を与える．

表6-4 エージェントのプログラミング設計

エージェント	プログラミング設計
メンバー	・プロジェクトルーム（50×50）にランダム配置，速度1/Stepで，ランダムに動き回る． ・視野1内にいるメンバーが， ①周囲80％以上*が，プロジェクトの方向性であれば，0度を向く（0度両側15度ランダム）． ②変革不適応メンバーが80％以上であれば，180度を向く（180度両側15度ランダム）． ③それ以外であれば，両側30度ランダムで動き回る． *PMに確認したところ，周囲80％以上の場合に「皆が方向性を共有している」という印象をもつとした． *同調の場合に両側15度としたのは，PMに確認したところ，同調は他の人の行動のまねのため，曖昧さが指示よりも少ないとしたためである．
PM（指示PM）	・プロジェクトルーム（50×50）にランダム配置，速度1/Stepで，ランダムに動き回る． ・視野2内にいるメンバーに方向性の指示を出す（角度0度の方向）． ・メンバーは一定の角度幅をランダムに方向を受け入れる（両側30度ランダム）*． *PMに確認したところ，両側15度では曖昧さが弱くなり，両側45度では曖昧さが強くなりすぎるため両側30度とした．
変革不適応メンバー（不適応メンバー）	・プロジェクトルーム（50×50）にランダム配置，速度1/Stepで，角度180度の方向に行動する． ・方向性を変えない，ぶれない（180度固定で移動する）．
変革不適応PM（不適応PM）	・プロジェクトルーム（50×50）にランダム配置，速度1/Stepで，ランダムに動き回る． ・視野2内にいるメンバーに従来の方向性の指示を出す（角度180度の方向）． ・メンバーは一定の角度の幅をランダムに方向を受け入れる（両側30度ランダム）．

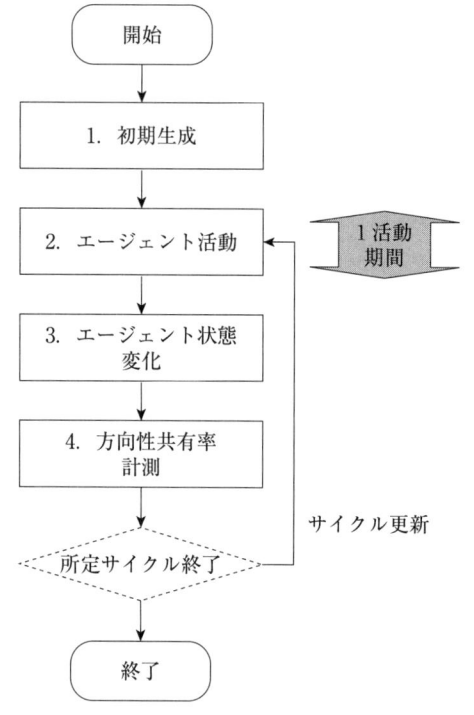

```
        ┌─────────┐
        │  開始   │
        └────┬────┘
             ▼
     ┌───────────────┐
     │ 1. 初期生成   │
     └───────┬───────┘
             ▼
     ┌───────────────┐       ┌─────────┐
     │ 2. エージェント活動 │ ◁──│ 1活動   │
     └───────┬───────┘       │ 期間    │
             ▼               └─────────┘
     ┌───────────────┐
     │ 3. エージェント状態 │
     │    変化        │
     └───────┬───────┘
             ▼
     ┌───────────────┐
     │ 4. 方向性共有率 │
     │    計測        │
     └───────┬───────┘
             ▼                サイクル更新
        ◇ 所定サイクル終了 ◇ ──────────▶
             ▼
        ┌─────────┐
        │  終了   │
        └─────────┘
```

図6-4 シミュレーションのフローチャート

ては，コントロールパネル設定を行い，0～200人の間で調整可能とした（PM同様に変革不適応PMも複数人を想定している）．

　変革不適応PMの指示によるメンバーの動きについても両側角度30度とした理由は，変革の方向性がプロジェクト全体には出されている中で，従来の方向性の行動をするため，曖昧性が残るであろうということを表現している．これについてもインタビュー対象のPMらに確認して妥当であろうとした．以上のコンセプトをまとめると，表6-3のようになる．

　また，各エージェントのプログラミングの設計を記述したものが，表6-4となり，シミュレーションのフローチャートは，図6-4のようになる．
　エージェント（例としてメンバーエージェント）の1活動期間のフローチャートは，図6-5となる．

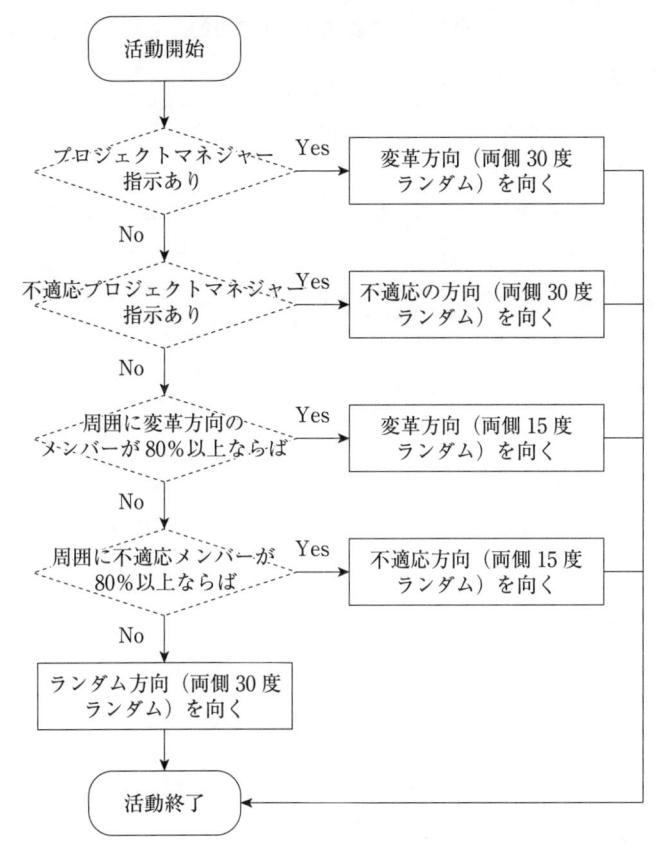

図6-5 プロジェクトメンバーの1活動期間における活動

以下に続く目的と手順（表6-5）で，実験を行うこととした．

6.4.2. 実験1　変革不適応のいない場合

〈実験1〉

　実験1の目的は，変革不適応PMも変革不適応メンバーもいない通常のプロジェクトにおけるPM（指示PM）の役割を確認することである．そのため，前節のシミュレーションでメンバー300人，PM 30人，変革不適応のメンバーもPMのいずれもいない場合を300ステップまで10回試行した（図6-6の「PMあり」のグラフの線を参照）．本研究では，変革プロジェク

表 6-5　実験順序および目的

実験番号（順序）	目 的
実験 1	変革不適応が発生しない条件（変革ではない通常のプロジェクトを想定）のときの PM（指示 PM）の役割を確認する．
実験 2	変革不適応メンバーと変革不適応 PM の割合を増やし，その影響の大きさを確認する．
実験 3	PM（指示 PM）の人数を増減したり，機能を強化したりする．そして，その結果を観察する．
実験 4	ここまで想定していた指示機能の PM に加え，説得機能，排除機能，率先行動機能の PM を追加し，それぞれの結果を観察する．その際にそれらを均等に混在させた（名称：多様性 PM）状況の PM 群とも結果を比較する．
実験 5	指示機能，説得機能，排除機能，率先行動機能の PM のよりよい混合（多様性 PM 状況）を観察する．

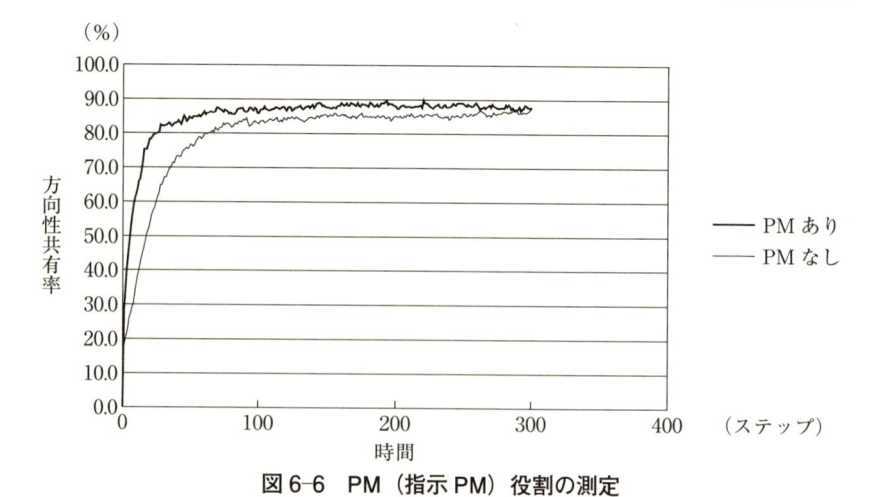

図 6-6　PM（指示 PM）役割の測定

トの方向性を共有しているメンバーエージェントの割合を，方向性共有率と定義した．方向性共有率の式は，以下となる．

方向性共有率(%) = (0 度両側 30 度の方向を向いているメンバー)/(メンバー人数+変革不適応メンバー人数)×100(%)

方向性を順守しているメンバーを，0 度両側 30 度としたのは，変革 PM 経験者らと相談し，新しい技術や新しいやり方に関する PM の指示が曖昧

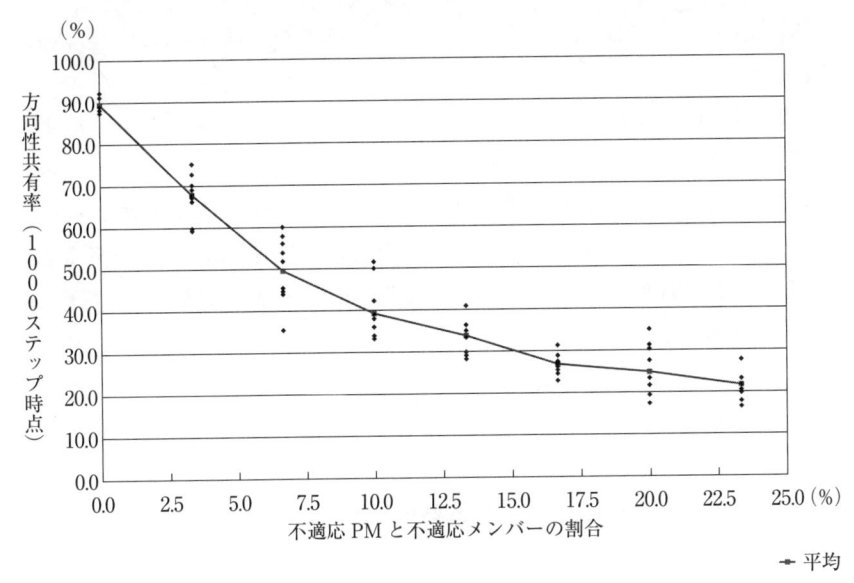

図 6-7 変革不適応の影響

縦軸: 方向性共有率(1000ステップ時点)(%)
横軸: 不適応 PM と不適応メンバーの割合

なため,その曖昧さの中(0度両側30度)に入っているのであれば,順守していると考えた.

次に,それに加えて,PMを0人にした条件で300ステップまで10回試行した.PM30人の場合には平均26ステップで80％の方向性共有率を超え,90％近くまで素早く到達する.それとは別に,変革不適応のない場合かつPMがいない場合の実験も行った.その目的は,変革不適応のメンバーがいない場合のPMの役割を確認するためである.変革の方向性に進むメンバーが周囲に80％いる場合に,変革の方向性に進む同調機能により方向性共有がされるが,平均70ステップ付近で80％以上の方向性共有率になる.PMはチームの方向性の共有までの時間を短縮する役割であることがわかる.その結果が,図6-6の「PMなしのグラフ」の線となる.

6.4.3. 実験2 変革不適応の影響の測定

〈実験2〉

実験2は,メンバー300人,PM30人の空間において,変革不適応の割合

を増やしていった場合を,観察するためのものである.図6-7は,その結果である.

それぞれ1000ステップを,各割合で,10回試行した結果である.線は,その平均を表す.

図6-7の結果から,3.3%(変革不適応メンバー10人,変革不適応PM 1人)で方向性共有率約65%,6.6%(変革不適応メンバー20人,変革不適応PM 2人)で方向性共有率が約50%となり,10%(変革不適応メンバー30人,変革不適応PM 3人)で方向性共有率が約40%となる.つまり,10人に1人以下の割合で変革不適応の人々が存在するだけで,プロジェクトチームが,方向性を共有できなくなることが確認された.

6.4.4. 実験3 PM(指示PM)人数の増減
〈実験3.1〉

実験2における,変革不適応の割合6.6%を選択して,変革不適応の人数を固定し,PM(指示PM)を増やしていくことで,方向性共有率がどのくらい高まるかをみるため,変革不適応に対する,PM(指示PM)の役割の効果を測定するための実験を行った.

変革不適応6.6%を選んだ理由は,PM経験者らへ確認すると,50%の方向性共有率は,これ以上プロジェクトを継続すべきか,それとも中止すべきかの分岐点にすべき状態であるとのインタビューコメントをPMからもらったためである.

図6-8は,6.6%(変革不適応メンバー20人,変革不適応PM 2人)から,PM(指示PM)の人数を10人ずつ増減した実験の結果である.各追加人数を,1000ステップ10回試行した結果である.線は平均を表す.

その結果を観察すると,PM 28人(図6-8のグラフのPM追加人数0人)から増やしてみても,その増加の効果はわずかである.しかし,減らしてみると,その存在が不可欠であることがわかる.なぜなら,0人(-28人)からメンバーの10%くらいの8人まで増加させると効果が高いことがわかる.そして,8人(-20人)以降からPMを追加する変革不適応への対応効果が小さくなることがわかる.また,方向性共有率を80%以上にするために,

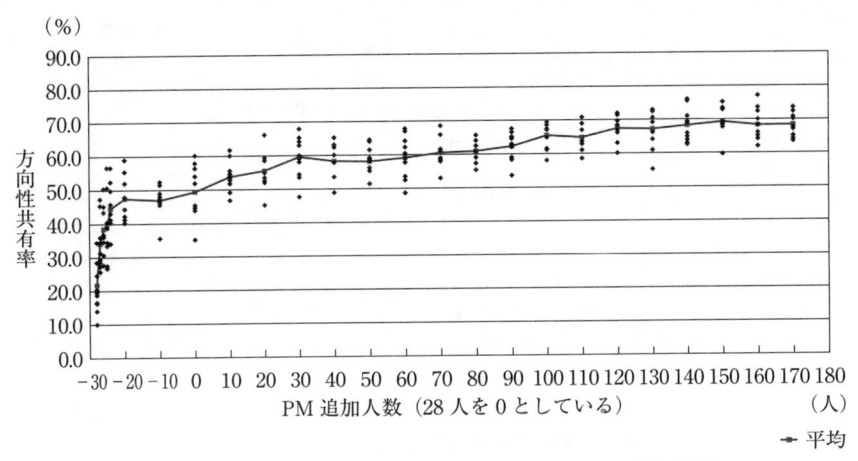

図6-8 PM（指示PM）の変革不適応への対処能力

PMを増やすとすると，170人以上追加する必要があるという，非現実的な結果となる．80％を目標に実験した理由としては，その程度（7～8割程度）の方向性の共有がなされていなければ，プロジェクトの遂行に問題があるだろうということを，インタビューしたPMらに確認したためである．メンバーの同調が働く周囲の方向性共有率も80％としているのは，そのためでもある．

〈実験3.2〉

実験3.1の条件において，PMの機能を強化する実験を行った．なぜなら，PMの人数を増やしても現実的な効果がないとすると，個々のエージェントであるPMの機能を強化する試みをする必要があるためである．つまり，実験3.2の目的は，PMの機能を強化してその効果を実験から，観察することである．そのため，はじめに，PMの機能に追跡機能を付加する実験を行う．その次に，追跡時の速度を2倍にする実験を行うこととした．

その結果が，図6-9となる．周囲距離2内で変革の方向性に向かって進んでいないメンバーを探して追跡する機能を追加した結果と，追跡時の速度を2倍にした結果である．そのように，機能強化しても，方向性共有率はPMの機能が普通の場合から大きく改善しなかった．つまり，個々のPMを単

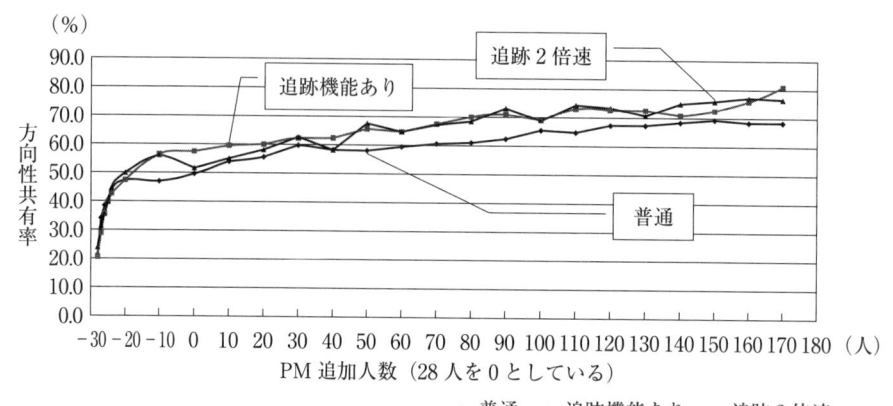

図6-9　PMの変革不適応対処能力強化結果

純に機能強化し，強制的に働かせても，大きな効果はない可能性があることがわかった．

また，実験3全体としては，不適応メンバーと不適応PMが6.6％存在する場合に，方向性共有率が50％程度に落ち込むところから，80％程度まで回復させるために，PMを増加させたり，機能の強化をしたりしてきた．非現実的な追加人数であるが，追跡機能を追加した場合はPMを170人追加した場合に，方向性共有率が80％程度まで回復することが確認できた．このことから，ここまでの実験で利用してきた方向性の指示機能のPMだけでは，現実的には方向性共有率が80％まで回復しないと考える．

6.5. PM役割としての機能の再考

プロジェクトの方向性を共有できない（方向性共有率が高まらない）場合に，どのようなことを実際にPMが行っているかを確認する必要があると考えた．そのため，変革プロジェクトを経験したPM6名に対して，その確認インタビューを実施することとした．その結果は以下のようなものであった．

〈PM追加インタビューで得られたコメント〉

- メンバーが方向性を共有できない場合に，PMは指示として方向性を提示する．それによりメンバーは，一時的に方向性に準じた行動をする．しかし，理解・納得しているとは限らないため，時間とともに方向性を見失うことがある．そのため繰り返し何度も指示をするようにする．これまでと同じ方向性指示機能でさらに努力をするということである．
- 方向性について理解・納得していないメンバーに対して，夜中まで飲食につれていくなどして説得する．この場合，何度も説得しないと理解・納得は得られないため，何度も行う努力をした．つまり，説得を行ったということである．
- 自らプロジェクトの方向性である技術ややり方を率先して修得し，手本を見せて，その結果を証明することで，理解・納得していないメンバーの同調を引き出す．それにより，方向性についての理解・納得を得ることができたとする．つまり，率先行動を行うということである．
- 変革プロジェクトの新たな方向性を理解・納得せず，以前に経験したプロジェクトの方向性に固執するメンバーを探し出し，即座にプロジェクトからリリース（配属を解く）して，チームの方向性共有を図った．つまり，排除するということである．

以上のように，プロジェクトにおける，様々なPM機能を果たすことで，方向性の共有を行ったという追加インタビューのコメントが得られた．そこで，追加インタビューの結果にもとづき，メンバーに対する働きかけである，影響の機能を変えるため，PMエージェントに，以下のように設計・プログラミングを追加した．

- 指示PM（ここまでのPMと同じ）：メンバーに変革の方向性を指示する機能役割のPM（ここまでの通常の変革の方向性を指示する機能のPM）とした．プログラミングもここまで通常のPM（3章の3.3.節で説明した）と同じとした．
- 率先行動PM：自ら変革の方向性へ率先行動して，同調者を集めるPM

表6-6 再考したエージェントのコンセプト定義

エージェント	コンセプト定義
指示 PM	ここまでの PM と同じ機能の，方向性を指示する機能の PM．
率先行動 PM	自ら変革の方向性へ率先行動して模範を示し，同調者を集める PM．
排除 PM	変革不適応メンバーを見つけると，プロジェクトから直ちに排除する PM．
説得 PM	変革不適応メンバーを見つけると，変革の方向性に活動するように，一定の確率で説得できる PM．

として追加した．変革プロジェクトの方向性にひたすら進むことで，メンバーエージェントの同調機能を利用するプログラミングを行った．

・排除 PM：変革不適応メンバーを，プロジェクトから直ちに排除する PM として追加した．変革不適応メンバーエージェントを発見すると，直ちにシミュレーター上から消し去る．

・説得 PM：30％の確率（乱数利用）で，変革不適応メンバーを，変革の方向性への探索をするように説得する PM として，追加した．プログラミングとしては，変革不適応メンバーエージェントを発見すると，30％の確率（乱数利用）で，それらをシミュレーター上から消し去り，通常のメンバーを生成する機能をもたせた．説得の確率を30％としたのは，PM インタビューにより，3回以上は話し合いをしなければ，不適応メンバーは説得されないため，30％程度が妥当だというコメントを採用したためである．

つまり，表6-6に記載した3つのタイプ（率先行動 PM，排除 PM，説得 PM）のエージェントを追加したことになる．

6.5.1. 実験4 再考した PM 機能の個別実験

そして，上記の4タイプの PM をシミュレーションの開始において発生させる設定を，シミュレーターに行うこととし，それらの再考したエージェントを，6章の6.4.節で開発した同じ実験用シミュレーションにプログラミング設定し，実験を行った．

6. 変革プロジェクトに関するマルチ・エージェント・シミュレーション

表6-7 各PM機能別平均方向性共有率

状況	PM機能	平均方向性共有率(%)
変革不適応メンバーなし	指示	87.60
変革不適応メンバーあり	指示	40.68
	率先行動	42.99
	排除	37.18
	説得	47.20
	多様性	74.61

〈実験4.1〉

実験を行った結果が,表6-7である.ちなみに,「多様性」としているのは,指示PM,率先行動PM,排除PM,説得PMを均等に混合した場合を指している.

表6-7には,変革不適応メンバー30人および変革不適応PM2人,つまり,変革不適応10%として,各PMのとる機能を変えた実験(各1000ステップ10回)を行った結果の方向性共有率の平均を記載している.

変革不適応を10%として実験したのは,各PM機能が,変革不適応へ対処する能力の差を明確にするために,方向性の共有を妨害する変革不適応を,6.6%の場合よりも増やして実験するためである.また,指示PM機能において,不適応が10%の場合であれば,方向性共有率が,50%をなかなか上回らないことを,シミュレーター上で観察していたためである.つまり,方向性共有率が50%を切ったところからの,有効な対処の機能を検討したいと考えたためである.

そして,以下の図6-10が,その試行の方向性共有率平均の遷移を表す.

その結果から,どのPM機能においても,決定的に方向性共有率を改善できない(70%以上80%近い状態にもっていくことができない)ことがわかる.また,ここで図6-10にあるように,排除PMの結果が良くないことが見て取れる.不適応メンバーが排除されているのだから,実験1の「変革不適応なし」の結果と同じに,方向性共有率が改善されてもよいのではないかということが考えられる.

そこで,「変革不適応なし」と同じにならない理由を,実際のシミュレー

図6-10 PM機能別実験結果

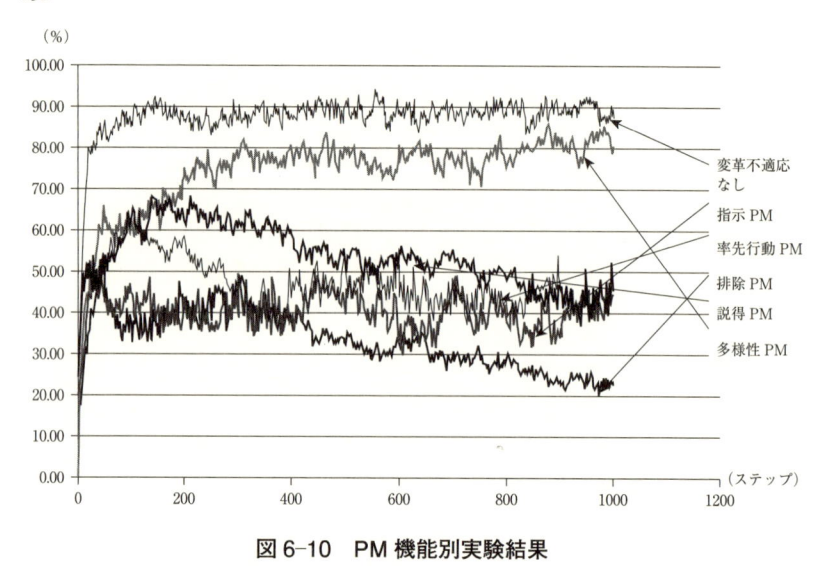

グラフ凡例:
- 変革不適応なし
- 指示PM
- 率先行動PM
- 排除PM
- 説得PM
- 多様性PM

ションで観察したところ，変革不適応メンバーを排除することで変革不適応メンバーが減り，方向性の共有する力がプロジェクト全体で高まるため，一時的に方向性共有が進むが，同調によりメンバーが塊になって方向性を共有している状態は，排除されずにプロジェクトルームに残っている変革不適応PM 3人にとって，方向性共有状態を大幅に崩しやすい状況をつくり出すためであることがわかった．つまり，ある程度不適応メンバーが存在することにより，同調により塊になっての方向性共有だけでなく，通常の指示PMや率先行動PMの方向性指示機能により方向性を共有しているメンバーが，ある程度空間にちらばった状態で存在するほうが，全体として堅牢に方向性共有の状態を保てるのではないかと考えられる．

この点は2章で概観した，山本・岡田（2011）が指摘する，常に非協調行動をとるエージェントを導入することで，頑健に協調が維持されるとした「社会的ワクチン」に似た現象とも考えられる．また，不適応PMを排除する設定にしなかったのは，排除PMも，不適応PMも，他の機能のPMも，プロジェクトにおいて同じPMという職位のため，双方が影響力（排除や指示，説得など）を行使し合う権限があるのが不自然であると考えられたた

6. 変革プロジェクトに関するマルチ・エージェント・シミュレーション

表6-8 説得PM能力別

状況	説得PM説得力 (説得確率, %)	平均チーム ビルディング率 (%)
変革不適応メンバーあり	0	15.68
	10	45.55
	20	46.80
	30	47.20
	40	47.59
	50	48.51
	60	49.65
	70	48.09
	80	48.88
	90	49.72
	100	51.70

めである.

〈実験4.2〉

そこで,実験4.1の結果の中で最も成績の良かった説得PMの説得能力を,変化させて実験を行うこととした.

行った実験の結果は表6-8のとおりである.

表6-8からは,10%の説得力も,100%の説得力も,説得力があることでは,プロジェクト期間全体を通して大きな差がない.プロジェクトを通して方向性共有率を高める効果は,同等であるということである.説得力が高いほうが,多くのメンバーを説得する時間が短いことは確かである.しかし,プロジェクト期間全体を通してみると,決定的な違いをもたらさないと考えられる.これは,PMの説得力の不足が,メンバーの方向性共有率ができない原因だと安易に断定してしまうことに対して問題提起となると考える.

このようになる理由についても,実際のシミュレーションで観察したところ,変革不適応メンバーを普通のメンバーに説得することで,変革不適応メンバーが減り方向性を共有する力がプロジェクト全体で高まるため,一時的に方向性共有が進むが,同調によりメンバーが方向性を共有している状態は,プロジェクトルームに残っている変革不適応PM3人にとって,方向性

表 6-9　PM 機能組み合わせ別平均方向性共有率

状況	PM 機能組み合わせ				平均方向性共有率(%)
	指示PM	説得PM	率先行動PM	排除PM	
変革不適応メンバーあり	○	○	○		78.44
	○	○			77.64
		○	○		77.49
	○	○	○	○	74.61
	○	○		○	72.74
	○		○	○	72.57
			○	○	70.23
	○			○	70.09
		○	○	○	68.48
		○		○	45.24
	○		○		44.63

共有状態を崩しやすい状況をつくり出すためであることがわかった．

また，表 6-7 の実験結果の中においては，説得 PM（説得確率 30％）が，平均 47.20％と最も良いが，それでも経験的には，この程度の方向性の共有率ではプロジェクトの成功はおぼつかないと考えられる．その次は，率先行動 PM，指示 PM，排除 PM の順となる．結論としては，それぞれの PM 機能単独では決定的な実際効果があるとはいえなことがわかった．

6.5.2.　実験 5　PM 機能の組み合わせ実験

〈実験 5〉

そこで，実際的な効果をあげるために，PM 機能を組み合わせる実験を各 10 回行った結果の平均方向性共有率を測定したのが，以下の表 6-9 になる．各組み合わせについては，各 PM 機能の配分が，おおよそ同等数になるように配分している．

表 6-9 の組み合せの中では，率先行動 PM と説得 PM と指示 PM の 3 つの機能 PM の組み合わせが，最も効果的であった．その次が，説得 PM と指示 PM の 2 つの機能 PM の組み合わせであり，その次が，説得 PM と率先行動 PM の 2 つの機能 PM の組み合せの成績が良い．表 6-9 をみると，上位 5 位までに説得 PM が共通して存在しており，その役割が最も重要であることがわかる．しかし，説得 PM が存在したとしても，排除 PM との

表6-10 実験からの結論まとめ

実験	結論
実験1	指示PMの役割はチームの方向性の共有までの時間を短縮する役割を担う.
実験2	変革不適応のメンバーが5%程度存在するだけで方向性を共有できなくなる.
実験3	方向性の共有に指示PMの役割は重要だが，人数や工数をある一定以上より増やしても効果に違いはない. 指示PMの能力を強化しても，効果は大きく増加しない.
実験4	どのPM機能（指示，率先行動，排除，説得）においても，単独では方向性共有率を改善できない. 説得PMにおいて，説得能力の差は長期的にみれば，その効果に大きな差がない.
実験5	多様なPM機能が変革プロジェクトにおける方向性共有に必要である. 全種類のエージェントの平均方向性共有率の結果より，排除PMを入れない場合の結果のほうがよいため，排除機能のPMは，長期的には存在しないほうがよい.

組み合わせでは，あまり効果がないといえる．また，率先行動PMと指示PMの組み合わせも悪い．

　この実験結果から，ある程度多様性のある機能のPMの組み合わせが，変革プロジェクトにおける方向性共有に必要であり，その組み合わせも，性質が異なるものをなるべく配置する必要があることがわかる．

　説得PMは，変革不適応の行動をするメンバーを再生させ，変革の方向性を目指した行動を起こさせる．排除PMは，変革不適応の行動のメンバーを退場させる．変革不適応メンバーを減少させる機能に限定すれば類似する．また，率先行動PMは，自ら変革の行動をすることによりメンバーの同調を集め，変革の方向性に導き，指示PMはメンバーに変革の方向性を指示し行動をとらせるようにする．そのため，両者はメンバーを変革の方向性に導く機能に限定すれば類似する．

　つまり，変革プロジェクトにおけるPMの機能については，これだけで成功するという決定的なものはなく，多様な機能を組み合わせる必要があるといえる．もう1ついえることは，変革不適応メンバーを直ちに退場させる排除の機能は，利用を慎重に考える必要があるということである．変革プロジェクトとはいえ粘り強く様々なメンバーを説得し，できる限り明確な方向性を指示しながら進めることが重要だといえるのではないだろうか．

6.5.3. 実験から得られた示唆のまとめ

ここまで実施した実験から，得られた結論（仮説）をまとめると表6-10となる．

これらの実験から得られた示唆を，本書の研究においてインタビューの対象とした変革プロジェクトPM経験者に問うたところ，その6名全員から納得できるものであり，実務的に有益であるとのコメントを得た．そのため，表6-10にまとめた結果は，プロジェクト関係者において，経験的には妥当なものであると考えられる．

6.6. 小括

本章では，変革プロジェクトに，過去に成功実績のあるPMやメンバーを配属する際に，注意が必要であるという示唆を提示した．それは，過去の成功体験から，現状に固執する変革不適応メンバーや変革不適応PMが，1割未満（実験では6.6％）の少数であっても，プロジェクト全体の方向性の共有が進まない可能性があることを確認したからである．また，変革プロジェクトのPMとしては，多様な機能をもったPMをバランスよく配置する必要があることが確認された．そして，PMが，自分自身が推進した変革プロジェクトの方向性共有の促進に効果があったと，主観的に自負している行動（率先行動，排除行動，説得行動，指示行動）が，短期的な効果をあげることはできるが，それだけでは長期的な効果となりえないことを示唆している．変革プロジェクトのPMは，状況をよく観察し，その状態に応じた方向性共有のための施策として，あらゆる手を尽くす必要があることが考えられる．また，変革プロジェクトが上手く進捗しない場合に，PMを単純に増員したり，能力を強化したりしても，プロジェクトの方向性共有は好転しない可能性を示唆した．

本章のシミュレーションが，実際のプロジェクトを正確に記述したといい切ることはできない．しかし，実際のプロジェクト自体は現実社会の中の営みであり，様々な条件を変化させて実験を行い，その結果を観察することはできないが，インタビュー対象となった変革プロジェクトPM6名全員か

6. 変革プロジェクトに関するマルチ・エージェント・シミュレーション

ら，シミュレーションとその実験による，前述の結論まとめ（表6-10）は，有益かつ納得できるとコメントがあった．

また，本章では，プロジェクト内には，大きくはPM群とメンバー群の2種類エージェント群の単純な階層構造を設定している．そのため影響（指示，説得，率先行動，排除）を与えるPMと，その影響を受けるメンバーが個別の関連づけはなく，プロジェクトとしての空間に存在している．つまり，PMとその他のメンバーに，複雑な階層構造やネットワーク構造が存在しないと仮定している．通常の企業などのオペレーション組織では，情報伝達や意思決定における階層が，多段階に設定され複雑な組織構造であることが考えられる．たとえば，係長，課長，部長，役員，社長などの階層や，経理，総務，人事，販売，生産などの管理機能組織の存在である．しかし，プロジェクト組織の場合には，プロジェクトの方針や計画を指示するプロジェクトマネジャーと，現場の作業実施者であるプロジェクトメンバーの比較的単純な構造が存在するため，階層構造やネットワーク構造としては，本章が前提とする設定で，比較的類似の構造を発生させることができると考えられる．しかし，本章のシミュレーションの階層構造やネットワーク構造を，より汎用的に，通常のオペレーション組織に適用するのには，それら「階層構造やネットワーク構造をどの様に表現するか」の課題を解決することが必要であると考える．さらに，プロジェクトマネジメントにおいて，複数のプロジェクトを関連づけてプログラムとする概念があるが，そのような複雑な構造をとるプロジェクト群に適用する場合にも，この点が同様に課題である．これらが，本章のシミュレーションモデルの適応範囲と適応限界だと考えられる．

7
変革プロジェクトマネジメントの実際と方法

　本章では，それまで個別の機能ごとの情報システムを，個々にスクラッチにより開発し利用してきた組織が，ERPという統合された情報システムを全社的に利用する場合，変革プロジェクトの代表的な一例であるERP導入プロジェクトにもとづき変革プロジェクトマネジメントを実施する必要があることを提言する．PMBOK（2009）やP2M（2005）などのような既存のプロジェクトマネジメント方法論だけでは，そのような変革プロジェクトのマネジメントは困難であることを，その実践方法論と事例により考察する．

7.1. はじめに

　本章の目的は，筆者がプロジェクトマネジャーやチェンジマネジャーとして企業戦略の実現を目指すERPプロジェクトにおいて実施してきた組織変革マネジメントのフレームワーク（組織変革マネジメント方法論）を，プロジェクトマネジメント方法と関係づけて，その融合を提案することである．
　コンサルティングファームは，企業経営は，①ビジョン（理念），②競争戦略，③人・組織，④ビジネスプロセス，⑤ITという大きく5つの要素で構成されていると考える．
　そして，①ビジョン，②競争戦略，③人・組織の重要性は今さら語るまでもないが，近年特に重要性が増しているのは，④ビジネスプロセスと，⑤ITである．ITとビジネスプロセスは実際に現場で企業戦略を実行し，成果を継続的に実現する手段である．たとえ優れた企業戦略が立案されたとしても戦略自体は机上のものである．ITと業務により実行されて成果をあげら

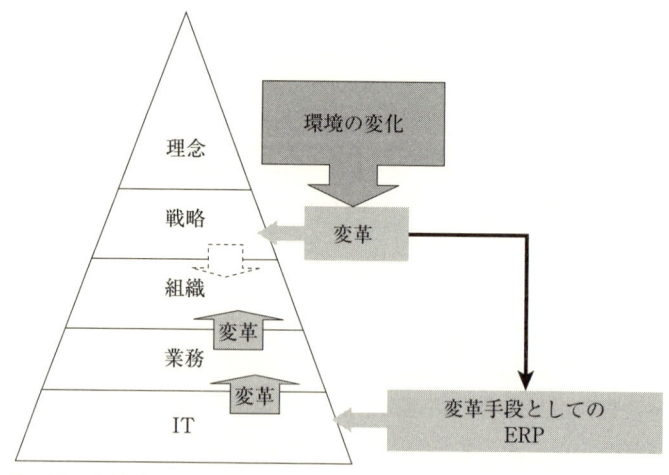

注：IT の例として ERP としている
図 7-1　企業戦略と IT による実行概念図

れなければ何の意味ももたない．その観点においては IT と業務は企業戦略の足腰であり，企業戦略を実現するための経営のインフラであると捉えることができる（図 7-1 を参照）．もちろん企業戦略が先に存在すべきであると考えるが，そのインフラは机上である経営戦略を現実世界へ変換する重要な要素と捉えるべきといえよう．

7.2. ERP 導入における変革プロジェクトマネジメントの目的

　経営革新がグローバルベースで進展する中，いかに優れた戦略であっても同一の戦略で長期にわたって競争優位を維持することは難しくなってきている．自社の競争戦略に変更が生じてもスピーディかつ確実に実行に移し，市場の絶え間ない変化に合わせて現場自らも戦略の軌道修正を行っていくという，柔軟かつ自律的な IT と業務をいかにして備えるかが勝負の分かれ目となっている．加護野・井上（2004）は企業が競争優位をもつためには，競争相手がまねをすることが難しい差別化された事業システムを創造することが

重要であるとしている．その実現には通常業務ではない特定使命（Project Mission）にもとづくプロジェクトを実施し，新しい価値を創造し続ける仕組みに事業システムを変革することが重要である．

全体最適を目的とするERP導入プロジェクトもその変革の1つである．その変革プロジェクトの最大の障害となっているものは人・組織の価値観，認識，感情の変革からの抵抗である．多くのERPプロジェクトマネジャーはその経験から，プロジェクトの成果の導入の抵抗に対する変革プロジェクトマネジメントが，ERPプロジェクトの大きな成功要素の1つであることを痛感している．

企業組織にERPを導入する場合，様々な組織上の変革が必要になる．変革プロジェクトマネジメントは，人・組織の価値観（バリュー），認知（スキーマ），感情（エモーション）の変革をコントロールすることに対応するものである．筆者はERP導入プロジェクトを成功させるための，ヒューマンファクター的なプロジェクト失敗リスクの問題に，これまでチェンジマネジメントリーダー，チェンジマネジメントチームメンバー，プロジェクトマネジャーやPMOメンバーとして取り組んできた．そのERP導入の際の変革プロジェクトマネジメントが目的とする内容は次の通りである．

- 変革の影響を受ける現場組織の管理者と従業員からの心理的抵抗への緩和
- プロジェクトチーム，ステークホルダー（影響を受ける管理者および従業員）に対して変革への適切な認識の醸成
- 変革の具体的なイメージの見える化と理解
- 企業の全体最適とあるべき企業文化の創造
- 組織目的とプロジェクト目的の整合を図ったうえでのERP導入
- 影響を受ける従業員の主体的変革による企業価値実現
- 導入コストの低減，Total Cost Ownership（TCO）の低減とプロジェクトリスクの減少

そのPMBOKをベースとしERP導入用に加筆修正したERP導入プロジ

プロジェクトマネジメントフェーズ / 組織変革マネジメント活動	プロジェクト準備	ビジネス設計	実現化	最終準備	本番活動	サポート
1. チェンジマネジメントの立ち上げ	7.3.1. 組織変革マネジメントチーム設置	7.3.2. プロジェクト・チームビルディングと活性化				
2. チェンジマネジメントの分析	7.3.3. 変革リーダーシップ診断 / 7.3.5. 変革インパクト分析（初期）					
3. チェンジマネジメント計画の策定		7.3.4. 組織変革マネジメント計画	組織変革マネジメント計画の継続的見直し			
4. チェンジマネジメント施策の実行	早期に開始すべき施策		7.3.5. 変革インパクト分析 / 7.3.6. 変革受容度分析 / 7.3.7. ステークホルダー・マネジメント			継続施策
5. チェンジマネジメント活動の監視と管理		組織変革マネジメント監視と管理				

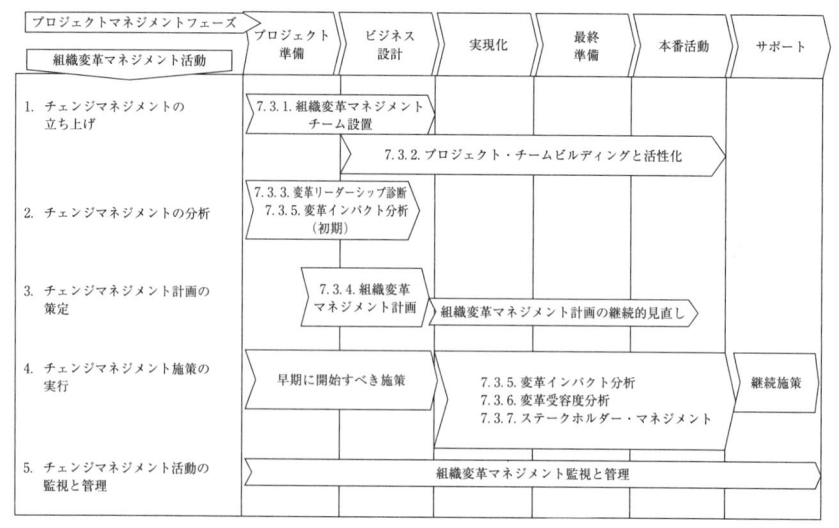

図7-2 プロジェクトマネジメント方法論と変革プロジェクトマネジメント

ェクトマネジメント方法論と統合された変革プロジェクトマネジメントの方法論のアプローチ例の概要は，図7-2となる．

図7-2ではERPプロジェクトのフェーズを横軸に，組織変革マネジメント活動を縦軸にし，本章で述べる変革プロジェクトマネジメントのプロセスとその項番号を記載した．

また，ERP導入による戦略実現のための組織変革が達成されることが変革プロジェクトマネジメントの効果であると考えられるが，大きな副次的な効果も生むと考える．それはプロジェクトの目的としてのQCD（品質，コスト，納期）である．その理由は，品質としては，組織の現状に引きずられることが避けられるためERPシステムの戦略への適合度が高まり品質が高められる点．コストとしては，プロジェクトチームメンバーの意識変革が迅速に行われモチベーションが高められるためプロジェクト作業が効率化される点．納期としては，新システムへのユーザー抵抗を避けることでプロジェクトのスケジュール遅延を避けることができる点である．

7.3. ERPシステム導入のための組織変革マネジメントのプロセス

ERP導入プロジェクト実施における組織変革マネジメントのプロセスは，主に次の7つからなる．

①変革マネジメントチーム設置
②プロジェクトチームビルディングと活性化
③変革リーダーシップ診断
④変革プロジェクトマネジメント計画
⑤変革インパクト分析
⑥変革受容度分析
⑦ステークホルダー・マネジメント

続いてそれぞれについて，説明していくこととする．

7.3.1. 変革マネジメントチーム設置

変革マネジメントの最初の活動はプロジェクトに変革マネジメントチームを設置することである．プロジェクトの上位にプログラムが存在する場合にはそのサブチームとして明確な役割・責任により設置すべきである．いずれにしろプロジェクト開始前に設置が完了していることが望ましい．プロジェクト体制を構築する際にステークホルダーを分析し，プロジェクトへの巻き込み等を考慮する必要があるためである．またこの時点でチェンジマネジャーやチェンジ・エージェントなどの重要な役割のメンバーを選定する．

チェンジマネジャーとチェンジ・エージェントの違いは，「プロジェクト構造の中で全体をリードする」か「ステークホルダーとして現場にいてリードする」かの違いになるが，その必要な機能は同じであり，次のようになる．

・変革戦略立案機能：ある特定の変革を提唱・主張し，戦略を計画し，様々な方法を使ってその戦略を実施する．
・現状組織分析機能：現状の組織を分析し，トップマネジメントに報告する．
・人・組織の変革機能：トレーニング，教育，行動変容，および職務充実化などの対策を通じて，組織の個人に働きかけをする．この場合，変革の対象は個人であり，必ずしも組織とは限らない．
・組織開発機能：組織の人間的な側面に関し問題解決のメカニズムを開発・改善するように支援し，ステークホルダーたちが協働し合えるようにKPI設定，意思決定，対立解消，権限委譲などの基本ルールの計画と共有プロセスを通じた支援をする．

以上の機能定義はTichy（1978）が定義した「チェンジ・エージェント」概念の役割を参考に，ERP導入プロジェクトに合わせて筆者が一部修正したものである．

7.3.2. プロジェクトチームビルディングと活性化

プロジェクトチームのメンバーの選定とその意識変革も重要である．

メンバー選定は名指しで行うべきである．たとえば同じ部門・同等の役職の社員であっても，チームに対する貢献の大きさや内容は千差万別である．積極的に自分の意見を述べる人，人の意見を発展させるのが上手な人，論点に沿って議論をうまくリードできる人など，絶対的な能力の高さだけでなく各個人の個性にも配慮してバランスのよいチームを編成すべきである．ここで避けなければならないのが，リーダーが自分の子飼いをメンバーにすることである．企業の全体最適を目標として取り組むチームがある特定の部門や小組織といった利益集団中心となることは絶対に避けねばならない．変革リーダーとフォロワーの関係が変革理論で取り上げられるが，フォロワーは決して「親分子分関係」の「子分」ではないと考える．

次に，プロジェクトチームによる課題解決への取り組みを社内の重要な活動として位置づけることが必要になる．多くの場合，プロジェクトチームのメンバーは日常業務に加えて現場改革の任にあたることになるが，活動の

「核」として選ばれた彼らが「はずれくじ」を引かされたと感じるようでは改革の成功はおぼつかない．また，いかに彼らの意欲が高くとも，それ以外の社員が「選ばれた人たちで勝手にやっていること」として協力的な姿勢をとらなければ，最終的な成果を出すことは困難である．加えて，チームが編成されて行うべきは，チーム内の意識の変革である．プロジェクトチーム内で意識の変革ができていないのに，ステークホルダーの変革をすることは不可能である．そのために，チーム内の意識をその発展段階ごとに分析し，必要な対策を講じる必要がある．その発展段階として次のTuckman（1965）の分類をもちいる場合が多いが，その都度それをアレンジして利用することが望ましい．Tuckman（1965）のチーム発展段階は次の4段階である．

・形成期（Forming）
・混乱期（Storming）
・チーム意識形成期（Norming）
・目的指向の行動期（Performing）

ERPに限らず変革プロジェクトではチームの成長・発達の視点は不可欠である．この発達モデルではメンバー自ら自分たちのグループの状態を診断し話し合うことが求められている．ただ，このモデルもチームビルディングの大枠をつかむことができるが，実際のプロジェクトチーム内の変革を行うためには具体的な現象の記述やアレンジが必要とされる．

たとえば過去に成功体験のあるメンバーの今までとは違う成果を出すための新たなやり方を模索することをせず，あくまで今までの慣れたプロジェクトの進め方に固執するなどの行動現象である．しかしながら，グループ活動を振り返るときにこの発展段階モデルは有効な認知的枠組み（スキーマフレームワーク）として機能すると考えられる．

7.3.3. 変革リーダーシップ診断

リーダーシップについてはプロジェクトチーム内とステークホルダーへの影響力という2つの観点から診断することが重要である．前者のプロジェク

トチーム内のリーダーシップ分析については，7.3.2 の発展段階の分類ごとに行う必要がある．

また，後者のステークホルダーに対してプロジェクトのオーナーなどトップからの影響力が働くかどうかの分析はより重要である．

プロジェクトの成果である変革を現場に実施させるために，プロジェクトのトップの影響力を利用できないとすると，プロジェクト自体を見直す必要が出てくる．よってプロジェクトのトップに実際にどれくらいの権限があるのかを分析する必要がある．

たとえば，人事権，評価権限，意思決定権限，正確で迅速な情報入手経路などである．リーダーに実質的な権力が集中していないことが日本企業の変革を難しくしていると考えられる．この点については機会をあらためて原因と対応について調査分析すべき研究課題としたい．

7.3.4. 変革プロジェクトマネジメント計画

4つめの活動は変革プロジェクトマネジメント計画を作成することである．ここでは実行可能なアクションプランを策定し，確実に成果に落とし込むことが必要となる．

組織変革マネジメント計画は実行過程において常に見直しが必要である．その理由は変革プロジェクトマネジメントの全体が仮説検証型のアプローチをとることに由来する．実施した施策はアンケートやサンプルヒアリング等により検証する必要がある．その結果，施策の有効性が妥当なものでなければ，違う仮説を設定して再度施策を実施し直す必要が生じる．そのためには複数の仮説をあらかじめ設定し，優先順位や確度の高いものから速やかに実施されなくてはならない．

7.3.5. 変革インパクト分析

5つめの活動は変革インパクト分析を行うことである．

プロジェクトの立ち上げ時にこの分析を行うことが重要である．分析の目的は，ステークホルダーやユーザーグループごとに変革の影響を明らかにすることであり，これらのグループに対する対応の計画を策定・実施するため

の基礎資料を作成するためである．

7.3.6. 変革受容度分析

6つめの活動はERPシステムを実際に導入する組織における変革の受容度を診断する分析である．この分析は，初期の段階に行う場合，最終段階で行う場合，稼動後に組織の変革が定着したかどうかを分析する場合，と大きくは3つあるといえる．

そして，この分析は次の事柄の目的に対して効果をもつ．①ステークホルダーグループのERP稼動直前の意識やプロジェクト開始当初の取り組む姿勢の評価，②ステークホルダーマネジメント（活動計画）の基礎資料の作成，③ステークホルダーの意識や姿勢に対して，組織変革マネジメント施策の効果の継続的な分析である．

このステークホルダー分析の方法は全員かまたは一部のステークホルダーにインタビューやアンケートを実施する等による分析のことであり，その調査の質問の要旨は概ね以下の3点である．

- ・変革に対して，ステークホルダーグループはどのような反応を示すか？
- ・ステークホルダーグループにとりその変革はどのようなメリット（利益）があるのか？
- ・ステークホルダーグループにとり発生しうるデメリット（不利益）はどのようなものか？

これらのアンケートにもとづきステークホルダーグループのERP導入前の意識や取り組む姿勢を評価し，次項で述べるステークホルダー・マネジメントの基礎資料の作成を行う．また，稼動直前に行う組織変革受容度診断分析は稼動判定基準の評価項目の重要な1つとなる．そして，彼らの意識や姿勢に対して，変革プロジェクトマネジメント施策の効果が稼動後にも継続されるかどうかを予測することができる．

そのステークホルダー分析結果による対応策の策定方法は，PMBOKやP2Mなどプロジェクトマネジメント方法論のリスクマネジメントと一部が

類似したものであり，リスクを区分ごとに網羅的に把握し，評価，対応区分分け，対応策検討，コンティンジェンシーをあらかじめ想定するという方法をもちいている．異なる部分としては，組織全体における利益が高いか低いか，および個人的な利益が高いか低いかを識別することに違いがある．

また，ステークホルダー分析については，変革プロジェクト実施によるその関係する職務における主要業績評価指標（KPI）への影響分析など，様々な方法により実施できると考えられるため，別途総合的に検討することが今後の研究課題であることを記しておく．

7.3.7. ステークホルダー・マネジメント

ERPプロジェクトのステークホルダーはCEO，労働組合，拠点のトップ，エンドユーザー，組織のトップ，ビジネスパートナー，顧客，サプライヤー，部門のトップ，役員会メンバーである（図7-3を参照）．

ステークホルダーそれぞれの立場が異なるため，ERP導入プロジェクトに対してそれぞれ異なる「思い」や「思惑」をもつことになる．たとえば事

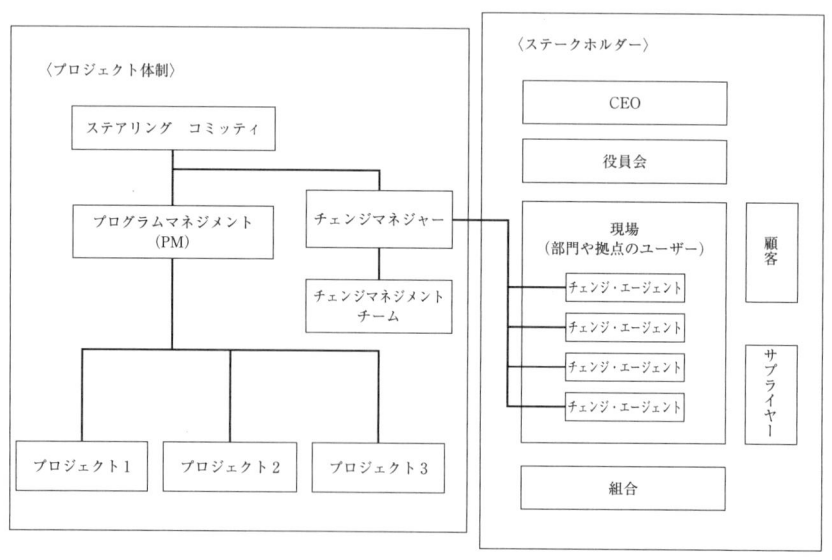

図7-3　ステークホルダーとプロジェクト体制との関連図

業部の担当役員や部門のトップは，口には出さないが自身の部門にとっての損得を考える．ユーザーは自身の新たな業務やKPIの負担について不安をもつこととなる．

ステークホルダー・マネジメントは組織変革マネジメントの中心をなす活動であり，この活動を成功させることが，組織変革マネジメントを成功させ，ERP導入プロジェクトを成功させる中心的な要素を担っている．ステークホルダー・マネジメントの目的は，変革に対する否定的な反応を予測分析し，潜在的な抵抗勢力を克服するための戦略的な活動といえる．

その予測分析の内容は「ERP導入によって潜在的に影響を受ける人は誰か？」，「識別されたステークホルダーやユーザーは何人か？」，「識別されたステークホルダーやユーザーはどこにいるのか（組織図の分析など）？」，「影響を受ける人々の期待値やニーズは何か？」，「識別されたステークホルダーの経歴は？」というものである．

その予想分析にもとづき「抵抗勢力を克服するためのアクティビティ（活動）を計画し，実施する」，「抵抗勢力をマネジメントする」，「ステークホルダーやそのグループに対して，コミュニケーション活動やオリエンテーションを実施する」等の活動を行う．また，現場の心理的な抵抗を予想するためには現場から選出したチェンジ・エージェントが大きな役割を果たすことが求められる．

7.4. 変革プロジェクトマネジメントの効果

組織変革マネジメントの方法論を適用した際のERPプロジェクトにおける効果をまとめると，次の3つとなる．「プロジェクトがステークホルダーやチームメンバーに受け入れられ，積極的な支援を引き出すことができる」，「構築されるERPシステムの品質の向上が図られる」，「プロジェクトの予算超過や遅延などのリスクの低減になる」といった効果がみられる．

図7-4にあるプロジェクト初期の期待と，目的指向やチーム意識醸成とによるモチベーションの盛り上がりの山の間の「モチベーションの谷」を埋めることにより様々な側面でプロジェクトの成功に貢献するのが組織変革マネ

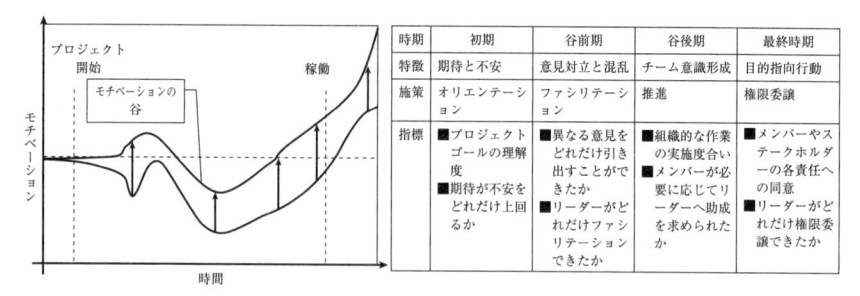

時期	初期	谷前期	谷後期	最終時期
特徴	期待と不安	意見対立と混乱	チーム意識形成	目的指向行動
施策	オリエンテーション	ファシリテーション	推進	権限委譲
指標	■プロジェクトゴールの理解度 ■期待が不安をどれだけ上回るか	■異なる意見をどれだけ引き出すことができたか ■リーダーがどれだけファシリテーションできたか	■組織的な作業の実施度合い ■メンバーが必要に応じてリーダーへ助言を求められたか	■メンバーやステークホルダーの各責任への同意 ■リーダーがどれだけ権限委譲できたか

図7-4 モチベーションの谷に関する施策と効果指標

ジメントである．そして，何よりも最終的効果としてはプロジェクトが成功し，新システムをインフラとした経営戦略の実現が達成することである．

7.5. ERP導入の変革プロジェクトマネジメントのケースについて

　日本企業は1980年代から海外進出を行い，2000年代に入ると多通貨・多言語のERPで基幹業務システムのテンプレートを構築し，グローバル統一の情報システムとして展開する，困難なプロジェクトに取り組んできた．その背景には当初は海外現地法人へゆるやかな管理を行ってきたが，さらなるグローバル最適地生産・最適地販売を目指すためには，統一した経営管理の仕組みが必要とされることがある．筆者が経験した複数のグローバル展開プロジェクトにおいては，海外現地法人のグローバル統合システムに対する抵抗が強く，グローバルでの統一を指向する組織変革マネジメントが必要であった．

　海外現地法人の抵抗の主な理由としては，次のようなことがあげられる．

- ・本社である日本よりも市場（売上げ）が大きい場合は，その発言権が強いため，抵抗力も強い．
- ・日本からのゆるやかな管理の文化が根づいており，情報システムについても独自構築を望んでいる．

7. 変革プロジェクトマネジメントの実際と方法　151

・これまで独自のシステム構築を日本側が放置してきたため，急激な方針展開に対応できない．
・また，本社のための仕組みなのか，現地のための仕組みなのかという意味で受益者の費用負担などの建て前上の抵抗の理由も存在する．

　また，筆者の経験では近年の大型 M&A によりシステム統合をする際の ERP 導入プロジェクトにおいては，変革プロジェクトマネジメントが重視されたケースがある．合併する企業においてどちらか片方に ERP が導入されている場合には，圧倒的に ERP に片寄せとなるケースが多い．その場合にはシステムを捨てる側のユーザーに心理的な「あきらめ」のあるケースが多い．システムのもつポテンシャルに違いがあるためである．

　それに対して，合併会社双方とも ERP を全社的に導入しておらず，既存の個別最適システムの継ぎはぎの統合で一旦済ませた会社が，新たな企業文化の構築を目指して ERP システムを導入する場合が困難なケースとなる場合がある．この場合，継ぎはぎの旧システムで温存された非効率な仕組みがユーザーにとって個別最適であることが多い．この場合，全体最適，システム統合，新たな企業文化の醸成に取り組むことになり，複雑な変革プロジェクトマネジメントに取り組む必要が生じるケースである．このケースの場合，合併後はじめて ERP 導入プロジェクトで合併相手と新しい企業文化をつくり出すことになるからである．

　一方，IT の成熟度の低い企業が統合データを利用する中小規模の ERP プロジェクトにおいては，部門間での重複業務やこれまでのコア業務が不要となることが発生する場合がある．この場合も変革プロジェクトマネジメントが必要となるケースである．中小規模のプロジェクトの場合は，規模的な予算制約から，プロジェクトマネジャーが組織変革マネジメントを担う必要が生じる．人は心理的に今までのやり方を最善だと思いたい一面をもっている．

　これらのような ERP 導入プロジェクトは，困難な変革プロジェクトに特有な人々の心理的な抵抗という問題をかかえることになる．これらのケースにおいては PMBOK 等のいわゆる技術型のプロジェクトマネジメント方法

論のみに頼ってきたプロジェクトマネジャーは何をしてよいかわからず対応に苦慮することになる．

　これまでビジネス環境の変化が少なかったため，日本企業は今までの延長線上の経営スタイルをとることができたため，日本企業には変革プロジェクトマネジメントは馴染まないという見解が主流を占めてきたと思われる．

　しかし企業も人もグローバル化を迫られ，欧米ではERP導入に限らず戦略実現プロジェクトにおける常識である変革プロジェクトマネジメントを日本企業も必要としてきたとみるのが自然な流れであろう．

7.6. P2Mにおける変革プロジェクトマネジメント

　P2M（2005）においては，その副読本『P2Mによる企業イノベーション』の中で，「第5章　変革の導入・実施・フィードバック」として，「チェンジレディネス分析」の1つのツールとして「ステークホルダー・マップ」，「アンケートによるチェンジレディネス調査」，「チェンジレディネスワークショップ」，「変革の促進・阻害要因の特定と施策の立案」が紹介されている．そのうえで，「変革の本質が人々の考え方や行動を変えることですから，ステークホルダーの変革への意欲の変遷を常に意識して，チェンジマネジメントプランの効果も継続的に測定し，必要な変更を加えていきます．例えばチェンジマネジメントプランのマイルストーンを設定しておき，その際にアンケート調査などでステークホルダーの変革に対する意識の変遷について定点観測していく」とする．本章の変革プロジェクトマネジメントの「変革受容度分析」や「ステークホルダー・マネジメント」と共通する考え方である．

　しかし，同副読本では変革推進体制の構築としてプログラムマネジメントオフィス，プロジェクトマネジメントオフィスにその役割があるとしている．それらは情報システム構築実施とその完成という本来の技術的（ハード的）ミッションという重責を担っている．

　日本企業はこれまでTQM等の生産性向上目的の変革活動を実施してきたが，ERPのような企業全体の変革を目的とした情報システムの構築を実施してこなかったため，情報システム構築プロジェクトにおいて組織変革マネ

7. 変革プロジェクトマネジメントの実際と方法

ジメントを実施するチェンジマネジメントチーム（オフィス）の必要性が認識されていない．その設置の意義は次の4つのようになる．

第1に，ERPだけでなく昨今の情報システムの目的は複雑化し大規模化しているため，プログラムマネジメントオフィスやプロジェクトマネジメントオフィスだけではソフト面に対する対応が実際には後回しとなる．第2に，プログラムマネジャーやプロジェクトマネジャーがハード的スキルとソフト的スキルの両方を高度に兼ね備えることは望ましく目指すべき方向ではあるが，同一人物が両方の役割と責任を同時に果たすことは物理的に至難の業である．第3に，プロジェクトに対し変革リーダーシップ診断・チームビルディングの施策提言を行うために客観的な位置づけを必要とする．第4に，トップのリーダーシップに関して苦言を呈することの可能な位置づけである必要がある．プログラムマネジメントオフィス内に機能的重複を避けるためサブチームとして設置することは可能だが，役割と責任をはっきりさせるためチェンジ・エージェント，チェンジマネジメントリーダー，チェンジマネジメントチームの明示的な設置をプロジェクトマネジメント方法論の中に提案したい．

全体最適を目指しERPの導入に挑戦することは，組織や現場で働く1人ひとりの意識を変えるための契機となるものである．最初は疑いの念をもって構えている現場をその気にさせ，「自分の力で会社を変えることができる」，「自分の会社を変革したい」という前向きなエネルギーを引き出すための動機づけを行う重要性は大きい．変革は一握りのプロジェクトマネジャーが孤軍奮闘することで実現されるとはいえず，むしろ変革を導くカリスマの登場待望論には高いリスクを孕んでいるといえよう．

また，トップが十分な関心を払うことなく，形式だけ他社の成功事例をまねた戦略実現プロジェクトチームをつくらせたとしても，「笛吹けど踊らず」の状況に陥り，いたずらに現場の疲弊を招くだけである．そして，戦略実現プロジェクトの成果は，時には現場代表として情熱的に，時には第三者的な視点で冷静に現場で変革への受容を推進するチェンジ・エージェントの力量と献身による部分も大きい．さらに第三者的な視点をもった現場以外のスタッフ（経営企画部や外部コンサルタントなど）を組織変革マネジメントサポ

ート的な立場で参画させることは，プロジェクトマネジャーの負担を軽減する方法の1つであろう．

7.7. 小括

本章では，ERPを例にとり企業の現場に眠っているエネルギーを引き出し，「優れた経営戦略」を支える「優れた組織，業務，IT」を構築するプロジェクトの変革プロジェクトマネジメントを紹介し，その重要性を考察してきた．それが新たな戦略実現などを目指す変革プロジェクトを実施するプロジェクトマネジャーやプロジェクトマネジメントオフィスメンバーに実務的な示唆となれば幸いである．

本章では，企業を新たなステージに変革するITプロジェクトにおいては，そのアプローチであるプロジェクトマネジメント方法論の各工程と密接に関係づけられた変革プロジェクトマネジメント方法論が必要となることを，筆者のケースなどをもとに提案した．これまでそのような試みは研究として実施されてこなかった．その点が本章の独自性であると考える．

また，ERP導入における組織変革マネジメントについては，日本企業でも多くの経験がなされているが，成功ケース，失敗ケースを問わず，その分析はなおざりにされてきた．ケーススタディーを行うことで，日本企業のERP導入プロジェクトを含む新たな戦略実現プロジェクトにおける変革プロジェクトマネジメントの方法論をさらに構築することは，筆者の今後の課題として残されている．

8
「三方よし」から考える プロジェクトマネジメント

　プロジェクトマネジメント方法論は，プロジェクトの最も重要な業績指標をQCD（品質，コスト，納期）としており，これは3つの相反する課題トリレンマを克服することであるといえる．しかし，環境・安全に配慮したプロジェクトの社会的責任を果たすために，ステークホルダーすべてを考慮されている指標とはいい切れないのではないか．そのため，QCDを包含した形でより広い社会的責任を果たす経営指標を考察する．

　そこで本章では，「三方よし」に着目する．近江商人の経営理念である「三方よし」（売り手よし，買い手よし，世間よし）を実現する経営指標は，現在でも多くの企業が社会的責任を果たすために取り入れている．よって，プロジェクトマネジメントの社会的責任を，「三方よし」から考察する．

8.1. 問題意識と目的

8.1.1. 問題意識

　2011年の3.11の震災に起因する原子力発電所の事故の以前であれば，本章のような視点をもたなかったかもしれない．より具体的にいうと，現代の科学の粋を集めて，誰もが考える最も困難な目標を達成するためのプロジェクトを編成し，プロジェクトマネジメントによって成功まで導いた結果が，3.11に起因する原子力発電所の事故の一因であった可能性はないだろうか．今ならば常識を疑う論文を執筆することができると考えた．また，今だからこそ常識を疑う必要があるとも考えている．

　現代の経済社会では変革は当たり前であり，むしろ社会やビジネスにおけ

る問題を解決する手段として変革を自らつくり出してきた．技術，市場，法律，顧客，経営手法などの変革に対応するため，プロジェクトが編成され，その変化を取り込んだ成果を生み出してきた．原子力の民生利用もその1つである．

プロジェクトマネジメントは，変化に対応し，自ら変化を起こすため，壮大な目標，誰もが不可能であると思っている目標を達成するための実践的な手法として，これまで名声を獲得してきた．どの組織にも問題は発生する．どんな製品を開発するか，生産能力を拡大すべきか，ITを導入すべきかといった問題である．また，企業の競争優位性を決める市場ルールも常に変化しており，企業存続のためにマネジメントが対応しなければならない問題は数知れない．

組織は，こうした課題とその解決策として，新製品を開発する，新生産設備を建設する，コンピューターを導入する，などの変革を受け入れなければならない．通常，こうした変革は，プログラムマネジャーおよびプロジェクトマネジャーの責任のもとに実行される．そして，プロジェクトマネジャーが，担当するプロジェクトの生み出す成果の技術的な側面に集中することは当然だと認識されてきた．つまりの典型的なアプローチは，その成果の買い手（プロジェクトのスポンサー）である顧客の要求するQCDを保障するためには技術的側面に注力せざるをえないといえる．

これまでQCDは現実的な業績指標として，考えられる最良のものだと考えられてきたし，筆者自身もそう考えてきた．現実的なモノづくりを考えたときに，QCDの互いに相反するトリレンマを克服しない限りプロジェクトは成功したとはいえないため，この品質，コスト，納期という3つの業績指標をすべて満たすことを目標としてプロジェクトを実施することは非常に重要であると考え，プロジェクトマネジメントを行ってきた．それは別な見方をするとQCDを目標とした技術的な側面での実現能力が高いことがプロジェクトマネジメントの強みであり，現実に即した成果を計画にもとづき生み出していく実現性の高い経営手法として，他の経営手法とは違う高い一般性，つまり，様々な社会や組織の変化を実現させてきたことの根源的理由であると思われる．その意味ではQCDをプロジェクトの成功・失敗の最終的

な KPI（主要重要業績指標）として位置づけてプロジェクトを評価することは，その変革の実現を推進するためにメンバーにわかりやすい活動の成果指標としてモチベーションや使命感をもたせることに役立ってきたといえるであろう．

しかし，それは成果の「買い手（プロジェクトのスポンサー）」である顧客，プロジェクトのコストを負担する「買い手」だけを視界に入れた活動であるといわざるをえないのではないだろうか．「品質の高い成果は社会に商品やサービスとして価値を提供する」，「納期が早ければより社会に価値を提供する」，「コストが安ければ低価格の商品・サービスを提供することで社会に価値を提供する」という説明の仕方は成り立つといえることは確かであるが，それは「買い手」である顧客視点への注目だけにおいて行われていると考えるのが自然ではないだろうか．

そして近年の，何度も繰り返される IT プロジェクトの失敗や事故，以前から多発してきた原発事故や組織的隠蔽などは，単なる偶然だとはいい切れないのではないかと思える．QCD の Q は品質であり安全や安心，信頼とつながるため，社会的責任と関連する概念であるといえなくはないが，現実のプロジェクトにおいて，そこまで品質を明示的に広範囲な目標や指標としてプロジェクトに取り組むとは考えにくい．なぜならば IT であればソフトウェアの不具合，製品であれば機能的不良が中心的関心事だからである．

プロジェクトが社会を変革する手法の1つだとすると，その変革される社会の安全や安心，信頼が担保されることが必要ではないかという問題意識を感じざるをえない状況が，今現在目の前に起きている．QCD の重要性は十分に理解したうえで，誤解を恐れずにより積極的にいうと，QCD を常識として疑わずに，常にそれをプロジェクトに適応して管理を行う旧習にならう官僚主義に陥っていたのではないかということが考えられる．

8.1.2. 目的

本章の目的は，今までの買い手をステークホルダーの中心として視界に据えてきたプロジェクトマネジメントの責任をより広い範囲に広げた，「三方よし」の理念にもとづくプロジェクトの業績指標をプロジェクトマネジメン

ト方法論の一部として提案することである．「三方よし」は近年急速に高まってきたCSR（Corporate Social Responsibility：企業の社会的責任）への注目から見直しがされている近江商人の経営理念に由来するといわれている．「三方よし」は商取引においては，当事者の売り手と買い手だけでなく，その取引が社会全体の幸福につながるものでなければならないという意味での，「売り手よし」，「買い手よし」，「世間よし」ということを意味する．

　「売り手」は現代でいえばサプライヤーやベンダーである．また，「買い手」は顧客である．そして，近江商人は他国行商を行った商人であるため，この場合の「世間」は江戸時代のその他の商人の「株仲間」のような狭い「世間」ではなく，まさに「社会」であった．そういう意味で，「近江商人」は現代的な「社会」に近い対象である「世間」に対して責任をもつべきという現代の「CSR」的な経営理念や経営戦略をもっていた．近江商人は現在の滋賀県，近江を発祥として，日本全国，遠くはベトナム，タイまでも進出した商人である．

　本章ではプロジェクトマネジメントにおいても「三方よし」を提案するために，「三方よし」を含め「商人」に関する先行研究レビューを行う．また，QCD以外のトリレンマに取り組むプロジェクトマネジメントに関する先行研究をレビューする．そのうえで「三方よし」を実践するプロジェクトケースから，そのプロジェクトマネジメントの業績指標として「三方よし」の理念を取り入れる必要性を考察する．

8.2.　「三方よし」研究のレビュー

8.2.1.　「三方よし」と「商人道」，そして「世間」

　グローバル化と情報化が急速に進展する環境において，現代の企業は戦略や事業オペレーションのベースとなるバリューチェーンの見直しや組み替え，さらにはそうした企業戦略を前提にした組織体制や風土，あるいは人材ポートフォリオの再構築を常に迫られている．近江商人も戦国末期から江戸時代初期の変革期に近江の地から出て「他国商い」によるグローバル化を積極的に行った．

8. 「三方よし」から考えるプロジェクトマネジメント

　末永（2004）によると，近江商人の先進性や現代性は「てんびん棒と星[1]」のCI（Corporate Identity），「他国行商[2]」，「地方への技術導入と都市部での市場開拓」，「複式簿記」，「乗合商い[3]」によるプロジェクトファイナンス，「支店による多店舗展開」，「本支店制度」による抜擢人事，「資本・地域・業種の分散」によるリスクマネジメント，「在所登り制度[4]」による能力主義，「押し込め隠居制度[5]」によるコーポレートガバナンスなどであるとする．それらをみていくと，近江の本店の家主や番頭がプログラムマネジャーであり，他国へ出店した支店の支配人がプロジェクトマネジャーであったことがわかる．そして，当時の「他国行商」の「他国」は幕藩体制のもとでは，事実上の「外国」であり現代で考えるとグローバル化を推進したといえる．その近江商人が「他国行商」のために経営理念としたのが「三方よし」である．他国行商を行うためには，「三方よし」が戦略的に必要であった．近江商人の人格の倫理性が特に高かったために「三方よし」を生み出したのではなく，戦略的にこのような経営理念を必要とし，実際に経営上の業績評価に活かしていたと考えられる．

　社会心理学において人間の利他性についての研究をしている山岸（2008）は，統計数理研究所と共同で日本人2000人とアメリカ人1600人を対象に質問紙調査を行った研究の成果から，日本人よりもアメリカ人のほうが他者一般への信頼感が強いことを，人間の利他性についての科学的な研究の成果を

---

[1] 天秤棒を担いで行商から商売を始めた時代と，朝は星を戴いて出かけ，夕べは星影を踏んで帰るという近江商人の商いの勤勉さの原点を象徴する商標が多い．

[2] 地元の近江を活動の場とするのではなく，近江国外で活躍し，原材料（地方物産）の移入と完成品（上方商品）の移出を手がけ，近江国外で活躍することを「他国行商」といった．

[3] 多店舗展開による特産品の流通や醸造業などの多大な資本を必要とする事業を展開していくには相当の資金を調達しなければならないため，資金調達の方法として考え出されたのが「乗合商い」と呼ばれる合資形態による共同出資である．

[4] 近江商人の人事制度は，年功序列ではなく，能力主義の抜擢人事である．それは在所，すなわち故郷の近江へ帰省した回数と店内での昇進が相互に関連づけられた「在所登り制度」であった．

[5] 当主に家産を危うくするような不徳の行為があった場合は，親類や後見人が協議のうえで強制隠居させることができた．これは家訓に規定されている正当な処分であった．

現代の日本社会が直面する問題にあてはめてみたときにみえてくるとする. その結果みえてきたのは, 現代の日本社会が直面している倫理の喪失とは, 実は, 商人道の倫理の根底にある「情けは人のためならず」の仕組みの喪失の問題だとする. 倫理的な行動, あるいは利他的な行動は, それを支える社会的な仕組みがなくなってしまえば, 維持することは困難である. たとえ他人に親切にしても, それが自分の利益につながらないのであれば, 誰も利他的に行動しなくなってしまうとする. そして, 利他的行動の原理である「情けは人のためならず」は, 無私の心と称揚する武士道的な倫理観とは相容れないとする.

「モラルに従った行動をすれば, 結局は自分の利益になるのだよ」という利益の相互性を強調する商人道こそが, 人間の利他性を支える社会の仕組みをつくることができるとする. そのうえで, これに対して, 武士道とは人間性にもとづかない, いわば理性による倫理行動を追求するモラルの体系であり, そうしたモラルを強制することで社会を維持していくのは, たとえ不可能ではないにしても, 極めて大きな心理的なコストや経済的なコストを必要とするという.

ジェイコブズ (2003) は古今東西の道徳律を調べていく中で, 人類には二種類のモラルの体系があるという. それは「市場の倫理」と「統治の倫理」である. 市場の倫理は「商人道」であり, 統治の倫理は「武士道」だと理解できる. そのうえで, 統治の倫理 (武士道) では最も重要なのは集団を構成しているメンバーの結束であり, 集団内部の秩序を維持することだとする. そして「規律厳守」,「位階尊重」,「忠実たれ」というモラルが生まれるとする. 集団の維持を最優先にするためには「伝統堅持」を優先し, 目上の人間の命令は絶対視するという. さらに外部の「敵」から集団を守るためには「勇敢であれ」,「剛毅たれ」,「排他的であれ」という道徳律が必要になってくる. またその敵を排除することに躊躇しないようにするには「復讐せよ」という道徳律も大事になってくるとする. 同時に, 自分の属する集団を守るために命を失っても惜しくないと考える (「名誉を尊べ」) ことも求められる. そして自分の属している集団を守るためであれば,「目的のためには欺け (嘘をつけ)」とされる.

8. 「三方よし」から考えるプロジェクトマネジメント

それに対し，市場の倫理（商人道）は「他人や外国人とも気やすく協力せよ」という精神であるとする．また他者との協力関係を築くためには「正直たれ」，「契約尊重」，「勤勉たれ」，「楽観せよ」という道徳律は必要不可欠である．また，見知らぬ人たちと協力関係のネットワークを広げていくには，他者との競争を歓迎し，常に自己変革する勇気をもたなければならない．そこでは「競争せよ」，「創意工夫の発揮」，「新奇・発明を取り入れよ」という考え方が発達するとする．つまり，「統治の倫理」においては口先では「お客様が大事」，「正直が一番」といいながらも，ホンネの部分では，自分たちの組織を守るためには客を騙しても許されると考えたり，儲けのためならば偽物を売りつけても許されると考えたりすることになるのだが，「市場の倫理」ではそのようなホンネと建て前を使っていることがお客にわかれば，その商人はたちまち信用を失ってしまうことになるため，そのような行動をとる倫理は戦略的にとりにくいとする．

また，「三方よし」の「売り手」と「買い手」は「サプライヤー」と「カスタマー」であることは理解しやすい．しかし「世間」は現在，経営学などの社会科学の分野では使われていない概念であり，理解しにくい．そのため「世間よし」の「世間」の定義をみる必要がある．

「世間」に関する研究をみてみると，日本や東アジアにおける「世間」は欧米の近代社会の「社会」とは異なるという研究がある．阿部（2002）は，日本の世間は欧米の近代的な「社会」とは異なり，世間の人々というときは，自分と関係がある，利害関係をもっている，そういう人間であり，今後利害関係をもつであろう人も含めた人間の集団の全体をいうとする．

しかし，末永（2004）によると近江商人は全国に進出していた地域で社会的責任を果たしていたという．たとえば飢饉の年には出店設置先や本宅所在地で相応に施米施金を行い，窮民の賑救にあたった．たとえば，中井源左衛門家の仙台店では，天保の飢饉に際して窮民救済のために750両の施金と米350俵を施米し，流行病治療の引札（ちらし）を配っている．同じ天保の飢饉時に地元窮民のために，愛知郡日枝村の二代目藤野四郎兵衛は支店の出先地である松前では米穀の施与や原価販売を行う一方，本店所在地でも住宅の改築と寺院仏堂の修築工事を行う飢餓普請を行ったという．

これらの事例から日本において近江商人の「三方よし」の「世間」は「社会」と同等の概念であると考えられるとする．近江商人は日本で初めて「社会」に近い概念として「世間」を考えた日本人的ではない商人であったかもしれないといえる．

8.2.2. プロジェクトにおけるトリレンマのマネジメント研究

Klein et al.（2002）はシステムインテグレーター企業6社の239人に対して，情報システム構築プロジェクトにおける指向性を質問紙により調査し，プロジェクトにおける指向性は技術指向性，ユーザー指向性，社会組織指向性に大きく分かれ，各メンバーはどれかに偏りがあり，3つの指向性がいずれもバランスよく高いメンバーがほとんどいないことを発見した．

技術指向性の高いメンバーはユーザー要件を軽視し，コミュニケーションスキルに難点がある．そして，ユーザー指向性の高いメンバーはビジネススキルやコミュニケーションスキルに優れているが技術要件を軽視する．社会組織指向性の高いメンバーはポリティカルスキルは高いが，ビジネススキルとテクニカルスキルに難点があり，技術要件を軽視する．

これらの調査からプロジェクトの失敗リスクを軽減するためには，3つの指向性をもつメンバーをバランスよく配合する必要がある．つまり，QCDではない「技術」，「ユーザー」，「社会組織」というトリレンマを克服しなければプロジェクトが成功しないとしている．この場合，「技術指向性」は「売り手」側のプロダクトアウト的な指向性を意味してもちいられていると考えられるため，「売り手よし」とほぼ同じだと考えることができる．そして「ユーザー指向性」がユーザー要件を満たすことを目標とする「買い手よし」であり，「社会組織指向性」が複数のステークホルダーの政治的要件を充足させるための「世間よし」だと考えることができる．

8.2.3. 「三方よし」研究レビューまとめ

これらの研究からプロジェクトマネジメントの業績指標に関して示唆を考えてみた場合に，昨今のプロジェクトの失敗や事故を念頭に置くならば，QCDのみの業績評価指標のみではなく，より自社の利益や持続的成長のた

め戦略的に利他的な行動を動機づける「三方よし」を参考にしたものを取り入れるべきでなないかといえるのではないだろうか．では，現代において「三方よし」を念頭に置いたプロジェクトの業績指標はどのようなものが考えられるか次節においてケースでみてみたい．

8.3. プロジェクトにおける「三方よし」のケース

本節では2つの「三方よし」をプロジェクトの業績評価指標として戦略的に採用することの仮説を構築するために，3つのプロジェクトのケースをみる．

8.3.1. 星野リゾートのリゾート再生プロジェクトのケース

星野リゾートは，「軽井沢の星野温泉」から脱却して，リゾート・旅館経営における「運営の達人」として全国的な地位を確立しつつあり，その実績は，顧客，機関投資家，同業である旅館業界からも評価されている．そして，リゾナーレ，アルツ，トマムと破綻したリゾート再生に手をのばし，その後ゴールドマン・サックスと提携して，いづみ荘，白銀屋，そして有楽と一連の老舗旅館の事業再生プロジェクトを実施してきた．

事業再生プロジェクトでは，自らの「リゾート運営の達人」の定義として「顧客満足度」，「経常利益率15％」，そして「エコロジカルポイント」という3つの軸を設定している．この3つの軸について星野リゾートの星野佳路社長は，「環境適応度をビジョンの数値目標に設定したのは，歴史観や軽井沢での歴史だけでなく，リゾート開発が環境破壊と映りやすい状況においては，環境対応が運営会社の競争優位性となると判断したからだ」という（青井，2009, p. 17）．

そして「一番困難なのは満足度と利益率の両立です」という．「創意工夫を繰り返すことで両立の仕組みを築くことで競争優位性を確立できないかと期待している」とする．「この追求のプロセスで日本の宿泊業の問題は生産性の低さであると認識しました．効率をあげることは当然と思われるかもしれませんが，再生の現場では想像以上に組織内に反発が生まれます．顧客へ

の思いが強い現場スタッフであるほど「効率化」という名の変革には納得できないところがある．生産性をあげる努力の継続というとサービス業ではつまらない仕事と思えるでしょうが，日本の製造業ではこのことを淡々としてきたから世界のトップクラスになったのではないでしょうか．サービス業はこれからだと思います」という．

　この星野社長の述べる3つの軸は「三方よし」である．「経常利益」は一見自社の利益のように思われるが，リゾート運営を行い，所有を行わない星野リゾートでは，利益確保は売り手である所有者の利益を図る「売り手よし」である．これは当たり前のようであるが，バブル経済時代に所有する土地の含み益に頼り，リゾート自体の経営は赤字のほうが法人税を払わなくてよいという経営をしてきたリゾート業界では非常識である．バブル崩壊で危機に陥った今までのリゾート経営者にはない経営戦略である．「売り手」であるリゾート所有者がかかえる不良債権を返済することを念頭に置いた指標であるといえる．また，「顧客満足度」が「買い手よし」であることはいうまでもない．そして，「エコロジカルポイント[6]」は「世間よし」である（青井，2009）．

　これらの経営理念・経営指標は星野社長の倫理観からきたものではなく，自社の利益や持続的成長を追求する経営戦略から考えられていることがこのケースから読み取れる．

8.3.2. 自動車メーカーA社の新車開発プロジェクトのケース

　自動車メーカーのA社では，経営戦略上最も重要な新製品開発プロジェクトにおいて，ターゲットとする顧客が受け入れることができる販売価格を決め，その価格における顧客の満足度の過剰・不足のない仕様と品質を測定して原価企画を行い，目標となる利益を確保し目標とする製造コストを決めている．その目標となる顧客満足度による仕様と品質，コストは各部品別に

---

[6] 星野リゾートHP（http://www.hoshinoresort.com/environmental/date/basic.html）によると，エコロジカルポイントの算出には，GPN（「グリーン購入ネットワーク」）が運営する「GPNエコチャレンジホテル旅館データベース」内の「エコチャレンジ・チェックリスト」を利用しているとする．

割り振られる．つまり，それが各系列サプライヤーのコストダウン要求や仕様と品質の向上要求となる．

　サプライヤーはメーカー側の要求を満たすことが長期的な取引につながるため，根拠のない無理なコストや仕様と品質で部品を供給しようとして長期的には何らかの事故を起こしてしまう可能性がある．そのためA社では原価企画目標達成の内容については妥当性のある理由をサプライヤーに求めている．つまり，妥当性のある理由がなければ品質事故により顧客の安全が脅かされる可能性があるからである．

　また，理由のはっきりしたコストで適切な仕様と品質の部品製造ができなければ，サプライヤーと一緒に現場での改善を実施するという．サプライヤーが一時的に利益を削ってのコストダウンや仕様や品質向上は長続きせず，いつか事故などの問題を発生させることになる．サプライヤーの利益を確保できるコスト構造をつくり原価企画を達成する必要があるという．そして，これらの活動がA社の競争力の源泉の1つであるという．

　このケースも，サプライヤーである「売り手」にとり「売り手よし」であり，顧客は購買できる価格で希望する水準で製品が購入できる「買い手よし」であり，製品に事故など社会問題が起こらない「世間よし」の「三方よし」のケースであるといえる．

8.3.3. 東北コットンプロジェクト

　東北コットンプロジェクトは，東日本大震災からの復興を目指し，「農業再生」，「雇用創出」，「新産業」を目的に被災した農地での綿（コットン）の生産を開始している．綿花は塩分のある土壌でも生育し，土壌の塩分を吸収するため，海水で汚染された農地を復旧できるという．そして3年で塩分濃度をもとの状態にすることを目指しているという．被災地の農業生産者が栽培した綿をアパレル関連企業が紡績・商品化・販売を行うことで復興を支援する共同プロジェクトである．原料である綿の栽培から綿製品の販売までの一連の工程をプロジェクト参加各社が「東北コットンプロジェクト」ブランドで統一して活動を行い，消費者に復興支援への参画による顧客満足を提供するとする．生産者・参加企業を増やし，綿栽培面積の拡大によって農業再

生・雇用創出を目指している（アパレルウェブ，ニュース，2011；東北コットンプロジェクト，ホームページ）．

このプロジェクトも「三方よし」を明示していないが，農業生産者が「売り手」，アパレル関連企業および消費者が「買い手」，被災地が「世間」であり，「三方よし」を業績指標としたプロジェクトである．

8.3.4. ケースのまとめ

3つのケースから，当該プロジェクトにおける「三方よし」を目標とする業績指標（筆者想定を含む）をまとめると表8-1となる．

星野リゾートと自動車メーカーの2つのケースは，自社の利益を追求するため，持続的成長をするために，社会的責任を果たすことが必要だということである．そして，それが自社の経営戦略において強みとなることを示している．つまり，戦略的に「三方よし」のような利他的な行動目標をもつことが強みになる可能性を示している．戦後，富山県で創業しYKKを世界的なトップ企業に育てた故吉田忠雄YKK元社長は，「人に善を与えれば必ず巡って自分に善が戻る」という「善の循環」という経営理念を掲げた．それは自社の利益のため，成長のために他人の利益を図る経営戦略であった．その経営理念は今も同社の指針となっている（日経ビジネス，2007）．2つのプロジェクトのケースから「三方よし」がプロジェクトの戦略的な業績指標に

表8-1　ケースプロジェクトの「三方よし」業績指標例

	売り手よし	買い手よし	世間よし
星野リゾート リゾート再生 プロジェクト	・リゾート所有者の経常利益率	・適正な顧客満足度達成度 ・顧客の購入可能販売価格の達成度	・エコロジカルポイント
自動車メーカー A社　新車開発 プロジェクト	・サプライヤーの利益率 ・仕様・品質向上の妥当な理由の存在割合 ・コストダウン達成の妥当な理由の存在割合	・過剰と不足のない顧客満足度 ・顧客の購入可能販売価格の達成度	・品質事故率 ・クレーム率 ・リコール率
東北コットン プロジェクト	・3年後の農地塩分濃度 ・綿花生産量	・震災復興貢献満足度 ・売上高および利益	・参加農業生産者数 ・農業雇用件数

なりうるのではないかという仮説が構築できるのではないかと考える．

　また，東北コットンプロジェクトのケースは良い意味での社会変革を追求するプロジェクト本来の姿を表しているといえるのではないだろうか．

8.4. 小括

　「三方よし」に含まれるモラルには矛盾があると考えられる．つまり，利己心に訴える動機づけによるモラルの向上には矛盾がある．「武士道」のようにモラルとは自発的なものであり利己主義であってはならないのではないかという疑問がどこまでも付いて回るということである．また，「三方よし」のようなモラルを利己心から押しつける矛盾である．これも「武士道」のように自らが信念にもとづき社員が行動することにはならないという矛盾である．「三方よし」はこの指摘からは逃れることができない．「武士道」を極めることは理想であることは間違いないように思える．「武士道」の理想的世界は美しく人を魅了する．

　これに対して，ルーマン（1992）はこれらの矛盾は，モラルそのものが内蔵する矛盾だという．すなわち「モラルのバイナリー（二肢）・コードも，自分自身にそうしたコードを適用すると，パラドックスに行きつくということである．良いと悪いということを区別する，その区別自体が良いかどうか，われわれに決めることはできない．この問題のもとで，われわれ人間には明らかに天国が必要になる」という．つまり，現世で利他的行動（モラルに則した行動）のお返しである利益を得ることではなく，天国に行ってから現世での利他的行動のお返しである利益が巡ってくることを信じて自らの行動をしなければならなくなるという．しかし，現代は神が科学にその座を譲ってしまっているため，倫理をもち続けるためには，バランスのある価値観の存在，そして弁証法による相反する目標のアウフヘーベン（止揚）が必要だとする．

　QCDもそれぞれが相互に相反する目標であり，それを達成することはプロジェクトにおけるモラル向上に通じるということがいえる．その意味では安全・安心，信頼を達成するために一定の効果を発揮しているのではないか

と考えられる．しかし，QCD がプロジェクトにおける，より高い視点での相反する目標とはなりえていないのではないかという疑念が本章の出発点である．プロジェクトマネジメントに新たな展開がなければ，プロジェクトの成果にもとづく事故や社会問題は減少しないと考えるからである．

本章では QCD を否定しているのではなく，それを包含する形でより高い視点からの業績指標として「三方よし」を目標としたものを設定することが安全・安心，信頼をもたらす事故や不正を防ぐプロジェクトマネジメントになりうることを考察しようという試みである．そのため文献レビューを行い，ケーススタディーを行った．プロジェクトマネジメントにおいて QCD を包含する形で「三方よし」を業績指標として取り入れる必要性があることの仮説設定および問題提起ができたと考える．しかし，「三方よし」を取り入れることがプロジェクトの安心・安全，信頼につながることの実証が必要であることはいうまでもない．この点については今後の大きな課題としたい．

そして，本章で取り上げた 3 つのケースはプロジェクトの「有期性」が問題になるとも考えられる．本来プロジェクトは期間が決められて，成果を達成したら解散してしまうことが一般的である．しかし，この 3 つのケースは再生プロジェクトには有期性があるが，メンバー構成や組織はそのままリゾートの運営に携わる可能性が高く有期性がないといえる．そのため「旅の恥はかき捨て」という状況にならずに「三方よし」が実践されているという指摘ができる．プロジェクトのような一般的には「有期性」のある組織において「三方よし」をどうやって定着させることができるのかという問題である．これも大きな課題である．

本章は，プロジェクトマネジメントが目的の実現能力だけでなく，安全・安心，信頼を得る能力をもつ経営手法として発展するための考察としての 1 つの試みであった．さらなるケースの収集や統計的手法などをもちいた研究を行っていきたい．

9 終章

9.1. 研究の問題意識とテーマに対して

　本書の研究では，既存のプロジェクトマネジメント方法論では，組織変革に対応する方法論が不足しており，プロジェクトの遂行をサポートし切れていないという問題意識から，変革プロジェクトのプロジェクトマネジメント方法論とはどのようなものが必要であろうかという大きなテーマを取り上げてきた．それは，PMBOK（1987, 1996, 2000, 2006, 2009）やP2M（2001, 2003, 2004, 2005, 2007）などの既存のプロジェクトマネジメント方法論に対して，わずかではあるが提言を試みることが目的であった．

　この試みとは，2つの観点からみた変革プロジェクトを対象とした，プロジェクトマネジメント方法論を提案することである．その1つの変革プロジェクトは，本書の研究では狭義の変革プロジェクトと定義した，新しい技術や新しいやり方を採用したプロジェクトである．新たな技術の開発や新たなやり方の考案により，これからも，このようなプロジェクトは存在すると考えられる．

　もう一方の変革プロジェクトは，プロジェクトの生み出す成果がこれまでにない革新的なものである場合，オペレーション組織への成果の導入までに対象を拡張して，広義の変革プロジェクトと定義したものである．それらは，別々の研究対象として，ここまでその研究を報告してきたが，両者は同一の変革プロジェクトの2つの側面を，別の角度からみていると考えることもできる．それらは，同時に起こる可能性がある．そのため，変革プロジェ

クトマネジメントの方法論としては，その両方の方法論が必要であるとして検討してきた．2つのテーマは次のとおりである．

・新たな技術や新たなやり方を採用した変革プロジェクトにおける，プロジェクトメンバーによる不適応に対するマネジメント方法論とはどのようなものか．
・変革プロジェクトの生み出す新たな成果の導入における，プロジェクトステークホルダー（ユーザー）の抵抗に対するマネジメント方法論とはどのようなものか．

1つめのテーマに対しては，3章から5章にて研究を行った．また，2つめのテーマに対しては，6章で研究を行った．そして，両方に対応する研究を7章，8章で扱ったことになる．

本書の研究のテーマとして，変革プロジェクトのプロジェクトマネジメント方法論を取り上げた．主に，ERPを例にとり企業の「新たな経営戦略」を支える「組織，業務，IT」を構築するプロジェクトの変革プロジェクトマネジメントを紹介し，その重要性を考察してきた．それは漸進的な改善を得意とするが，革新的な変革を不得意とする日本企業におけるプロジェクトマネジャーやチェンジ・エージェントが新たな戦略実現などを目指す変革プロジェクトを実施する際の実務的な示唆である．

かつて欧米企業が日本企業に追い詰められたように，今では中国，インドなど新興国企業に日本企業が追い詰められようとしている．これまでのような漸進的改善だけでは成長を続けていけないであろう．

また，これまで企業風土改革のような変革マネジメントはプロジェクトマネジメントとの関係で語られることはなく，現実に企業の変革の現場に直面するプロジェクトマネジャーがプロジェクトの工程と整合をとり，実際に活用することに耐えうるものは存在していない．本章で述べた変革プロジェクトマネジメント方法論はその観点で画期的なものである．

また，ERP導入など全社規模の変革において，変革プロジェクトマネジメントの経験が多くの日本企業でもなされているが，成功ケース，失敗ケー

スを問わず，その体系化はなおざりにされてきた．その意味でも意義のある研究であると考える．しかし，さらなるケーススタディーを行うことで日本企業の大きな改革を目指すプロジェクトにおける変革プロジェクトマネジメントの方法論への考察を深めることは今後の課題として残されている．

シミュレーションで観察された状況とインタビューから抽出される状況には類似点が多くみられるため，プログラミングによってある程度現実を再現できたとも考えられる．

9.2. 各章のまとめ

1章では，問題提起，研究に至った背景や問題意識，研究の目的，研究方法について述べた．

2章では，先行研究レビューを実施した結果を報告する．2章の目的は，1章の「1.4. 研究の視点とアプローチ」で述べた「1. 変革プロジェクトにおける，ステークホルダーの変革への抵抗への対処方法」および「2. 変革プロジェクトにおける，プロジェクトメンバーの不適応への対処方法」に関連して，これまでどのような研究が行われてきたかを概観し，本書の研究との立場の違いを明確にした．

3章では，IT導入を伴う変革プロジェクトにおいて，ステークホルダー（主にユーザー）が陥るジレンマをどのように解消するかという方法について検討した．それに対して，単なる経済性・効率性追求ではない，社会と技術が整合した変革プロジェクトを推進するための「ジレンマ・エージェント・シミュレーション」をプロジェクトマネジメントのツールとする必要性を提示した．また，同章では，ジレンマの分析の枠組みとして，変革プロジェクトジレンマ分析マトリクスを，そしてジレンマへの対処検討の枠組みとして，変革ジレンマへの対処方法検討フレームワークを提案した．

4章では，マルチ・エージェント・シミュレーション（MAS）をもちいて，3章で扱ったステークホルダーのジレンマに対する，チェンジ・エージェントの行動について検討した．そのシミュレーション結果がどれくらい現実を再現できているのかを，IT導入プロジェクトにおけるチェンジ・エー

ジェント経験者へのインタビューから確認している．シミュレーションで観察された状況とインタビューから抽出される状況には類似点が多くみられるため，プログラミングによってある程度現実を再現できたと考える．

5章では，プロジェクトステークホルダー（ユーザー）の変革への抵抗予測をテーマとして，「プロジェクトステークホルダー新旧 KPI 比較ツールをもちいた抵抗予測」を検討している．そこでは変革プロジェクトの構想段階において，ユーザーとしてのプロジェクトステークホルダーの KPI 定義を行い，新旧の KPI を比較することにより，プロジェクトステークホルダーの抵抗を予測するツールを提案し，そのツールの有効性を確認した．

6章では，変革プロジェクトにおけるプロジェクトメンバーの不適応への対処方法をテーマとして論じた．「変革プロジェクトにおける不適応に関する MAS」を検討した．変革プロジェクトを推進するうえで，不適応メンバーが及ぼす影響に関する示唆を得るため，MAS の手法により実験と考察を行った．その結果により，変革プロジェクトのプロジェクトマネージャ（PM）は，状況をよく観察し，その状態に応じた方向性共有のための施策として，あらゆる手を尽くす必要があることが考えられる．また，変革プロジェクトが上手く進捗しない場合に，PM を単純に増員したり，能力を強化したりしても，プロジェクトの方向性共有率は好転しない可能性を示唆した．

7章では，それまで機能ごとの情報システムを，個々にスクラッチにより開発し利用してきた組織が，ERP という統合された情報システムを全社的に利用する場合，つまり変革プロジェクトの代表的な一例である ERP 導入プロジェクトにもとづき変革プロジェクトマネジメントを実施する必要があることを論じた．そして，既存のプロジェクトマネジメント方法論に対して，新たな変革プロジェクトのマネジメント方法論を提示した．

8章では，プロジェクトマネジメント方法論において，QCD（品質，コスト，納期）を包含した形でより広い社会的責任を果たす経営指標が必要であることを考察している．そのため，「三方よし」（売り手よし，買い手よし，世間よし）に着目している．プロジェクトの最も重要な業績指標を QCD としており，これはトリレンマ（3つの相反する課題）を克服することである

といえる．しかし，環境・安全に配慮したプロジェクトの社会的責任を果たすために，ステークホルダーすべてを考慮されている指標だとはいい切れない．そのため，QCDを包含した形でより広い社会的責任を果たす経営指標として，近江商人の経営理念である「三方よし」を検討している．それにより，プロジェクトメンバー，ユーザー，ステークホルダーという三方の調和を論じた．

そして，終章であり，本章である9章では，得られた知見をまとめ，残されている今後の課題について述べる．

9.3. 今後の課題

本書の研究の今後の課題として，アプローチ方法の追加，そして，検討対象の拡大，研究の発展の3つが考えられる．

まずは，アプローチ方法の追加である．プロジェクトステークホルダー（ユーザー）による変革プロジェクトの成果の導入への抵抗への対処方法や，プロジェクトメンバーの不適応への対処方法については質問紙などを利用した統計的手法で分析することである．

また，検討対象の拡大も考えられる．本書の研究はプロジェクト体制で行われる組織に関する，抵抗や不適応について扱ったものである．プロジェクトは有期性のあるプロジェクトに配属され，そのプロジェクト組織への所属意識が低く，専門家意識の高いIT専門家（プロジェクトメンバー）を対象に実施したもので，通常の一般的なオペレーション組織へ，単純に応用できないと考える．そのため，対象を一般的な組織まで広げた，汎用的な研究が必要である．

さらに，研究の発展も考えられる．4章と6章で作成したMASによるシミュレーションは，さらに現実の観察により発展させることが必要であると考えられる．そして，2章と5章および7章で検討した変革プロジェクトマネジメント方法論は，現実のプロジェクトでの利用による結果から，改善を継続し発展させることが必要と考えられる．

付録
Ⅰ. 新旧 KPI 比較ワークシート利用ガイドライン

1 目的と前提

1.1 ガイドラインの目的

「変革プロジェクト構想における KPI 定義と新旧 KPI 比較ワークシート利用ガイドライン」（以降はガイドラインと略す）は，変革プロジェクト構想における，KPI 定義方法と新旧 KPI 比較を行うワークシート（以降はワークシートと略す）の利用方法を補助する目的で作成されている．

その変革プロジェクトにおける，主にユーザーを想定したステークホルダーの抵抗をプロジェクト実施の事前に予測するためのものである．主にユーザーとしたのは，直接のユーザー以外にも，変革を強く推進すべき，変革プロジェクトのオーナーの一員である経営層のステークホルダーでも，抵抗は発生する可能性があるからである．本ガイドラインでは，プロジェクトに対して，抵抗感を抱く可能性のあるステークホルダーを特定し，その抵抗の度合いの予測について，ワークシートをもちいて効率的，効果的に実施してもらうことが本ガイドラインの目的である．

1.2 ガイドラインの活用の前提

活用の前提として，変革プロジェクトとは，組織が全く新たな目標で従来利用したことのない技術や方法をもちいて行うプロジェクトのことである．その場合には，独自性や有期性，段階的詳細化の性質が強いことを意味する．そのため，そのプロジェクトの成果の導入が行われる主にユーザーであるステークホルダーに，非常に大きな影響をもたらす．そのような場合には，プロジェクトを実施する事前の構想段階や検討段階において，抵抗感を強く感じる可能性のあるステークホルダーを特定し，その抵抗の度合いを予測する必要がある．本ガイドラインは，そのような変革プロジェクトにおいて，ワークシートが利用されることを前提としている．そのような意味では，変革性の低いプロジェクトにおいて実施しても効果は低いといえる．

複雑な要素が関係する企業の経営を変革する場合には，その抵抗の理由は様々

である．しかし，普通は企業活動における社員や経営者は，自己に対する業績評価指標（KPI）のあり方によって，企業の方針に沿った行動をとるように，動機づけられると考えられている．しかし，そのKPIの変更は，これまでと違う業績評価を受ける可能性を生じさせる．そのため，その変更後の業績評価が，不利なものであれば，ステークホルダーである社員は抵抗を示すであろうと考える．それは，変革プロジェクトにおいてチェンジ・エージェントを担当した，有識者の経験から仮説化したものである．その意味では，業績評価指標（KPI）に全く影響を与えない変革プロジェクトがあれば，本ガイドラインとワークシートが想定する変革プロジェクトではない．しかし，激烈な企業間競争で優位に立つために実施される，経営にインパクトのある，情報システムなどの変革プロジェクトが，業績評価指標（KPI）に影響を与えずに実施できることは，少ないのではないかと考えられる．

　また，本ワークシートはプロジェクトの構想段階で活用し，プロジェクト開始前の準備のためのインプット成果物として利用することを前提としている．プロジェクト開始前にステークホルダーの抵抗を予測することが，常に先手を打つ必要のあるプロジェクトマネジメントに欠かせない要素であると考えるからである．しかし，プロジェクト開始初期段階で活用することももちろん考えられる．また，構想段階において，変革プロジェクトの目的，その目指す青写真，業務改革の内容などの構想策定が同時に進行しており，それらの成果を取り込んで，旧KPI調査，新KPI定義が可能であることを想定している．

2　必要性と効果

2.1　変革プロジェクト構想における新旧KPI比較の必要性

　しばしば，変革への受容感をステークホルダーにアンケートをとることがあるが，抵抗を予測するためではなく，変革が導入される組織の受容準備の度合いを匿名のアンケートで実施することである．匿名としているのは，本音を吸い上げるためである．ステークホルダーに直接アンケートを実施したとして，本当のことを記名式で記載するとは限らないためであろう．しかし，匿名であっても人数の少ない組織の中や，職制を通じてのアンケート調査では，記入者が推定できるため，本音は記載しない可能性が高い．また，無記名では，抵抗感の強いステークホルダーを特定できないという課題が残される．そのため，直接ステークホルダーにアンケートやインタビューをしないで，ステークホルダーを特定できる代替的な客観的情報から，抵抗を予測することが必要だと考えられる．ただし，情

報システムによる変革プロジェクトを例にとると，要求定義後やユーザー受け入れテストなどの各時点で，ステークホルダーの受容感がどのような状態かを知ることは，最終的なプロジェクトのリスク管理につながるため，ステークホルダーへのアンケートは実施の意義がある．新旧 KPI 比較ワークシートと併用することは効果があると考えられる．

2.2 変革プロジェクト構想における KPI 定義と新旧 KPI 比較の効果

変革プロジェクト構想において，KPI 定義を行い，新旧の KPI 比較を行うことにより，以下の 8 つの点による効果が期待できる．

(1) 新 KPI の方針展開による変革プロジェクト目的の明確化

方針展開により，KPI 相互の関連や経営理念・戦略からの方針の落とし込みができる．また，財務・非財務にかかわらず，具体的で定量的な KPI として表現することができる．

(2) 新 KPI 定義による変革プロジェクトの効果の明確化

新たに構築される情報システムが，「何の KPI の数値」を「どのようにチェックする」ためのもので，問題発見時に「どのようなアクションをとる」ために構築されるのかが明確になる．それは，省力化・効率化といった人員削減を連想させる効果ではなく，収益力を向上させる能動的なプラスのメリットをイメージすることができる．

(3) 新 KPI 定義による変革プロジェクトのステークホルダー・マネジメント

KPI 間にはトレードオフ（利益相反）関係が存在する．そのため，新 KPI 定義により利害トレードオフが起こる場合が想定できる．部門間をまたがる利害事項の調整は手間と時間を必要とする．プロジェクト開始前の構想段階における新 KPI 定義で発見し，プロジェクト開始までに調整されていることが望ましい．少なくとも，開始までに調整事項の存在が認識されていないプロジェクトの結末は，容易に想像できる．変革プロジェクトの構想計画立案段階で新 KPI 定義をすることにより，変革に対するインパクトが大きく調整が必要な利害事項が明確になる．また，抵抗勢力になる可能性のあるステークホルダーのグループが，特定可能である．それにより，合理的な説得や変革の普及のための施策を立案し計画することが可能となる．

(4) 新 KPI 定義による変革プロジェクトの全社コミュニケーション

現在の変革プロジェクトは，その構築するシステムのユーザーが全社に及び，経営者と情報システム部門は個々のユーザー意図とは異なる意図から，その変革プロジェクトの目標を設定しているため，困難性はさらに増す．このような，関

与者の増加による目標設定とその考え方の相違が，変革プロジェクトに伴う人・組織の意識変革の受容を困難にしていると考える．「ビジョンをわかりやすい言葉に置き換える (translating the vision)」という KPI の機能が全社共通のコミュニケーション言語を提供することとなる．

(5) 新 KPI による組織の変革必要性分析の客観性

変革の受容には，その必要性の理解には偏りのない客観的分析が前提となる．利害や目的が微妙に異なる関係者を相手に，変革の必要性の本質を理解させ，変革しない限りは，問題の解決にならないことを，合理的に説得できなければならない．新 KPI により，変革を具体的な指標で示すことになり，客観性を確保できるため説得力が増すことが期待できる．

(6) 新 KPI 定義による抵抗勢力への貢献度評価の公平性確保が可能

全体最適で効果を目指す場合には，負の影響を受ける部門や人が発生する．その影響を受ける部門や人を特定して対応しなければ，抵抗に遭う可能性がある．組織ごと・個人ごとの導入目的が異なる状況で，戦略実現を目指す変革プロジェクトの結果起こる業務や組織の変革は，その成果を特定部門に限定した扱いでなく，全社戦略の一環と位置づけるべきである．全社目標達成を目指した社内関係部門個々の働きの集積が，全社施策を支える以上，部門ごと・個人ごとの成果への貢献度は正確，公平な評価がなされる管理手法が設定される必要があり，プロセス評価としての具体的指標である新 KPI を定義することは，その点もサポートするものである．

(7) 変革プロジェクト実施時の現在および将来 KPI 公開による互恵性

部門別 KPI，個人別 KPI の予算と実績を開示することで，互恵性を高める効果が期待できる．つまり相手の目標，ニーズ，懸念に関係しそうな組織の状況を理解しようと努めることが重要であり，たとえば，その人が，「どのような KPI で評価され報酬が決まるのか」，「上司や同僚からの期待は何か」，「ポジション的にはどこにいるのか」などを知っていると，相手を行動させる（変革する）ためには何をすべきかがわかる．つまり，全体最適を狙う変革プロジェクトにおいて，現在の KPI が変革プロジェクトにより，どのような影響があるか，変革によりどのような新 KPI を定義すべきかを明確にすることにより，組織変革がスムーズに行われると考える．

(8) 変革プロジェクト構想段階における新 KPI 定義による心理的アプローチ

構想段階での KPI 定義において，現状 KPI の分析と新定義と，その対比が重要である．これにより，組織ごと・個人ごとの「変革する場合のメリット」だけではなく，「変革する場合のデメリット」と「変革しない場合のメリット」を明らか

にする．人は，物事に対して，自分の都合のよい解釈をしがちである．「変革する場合の自分のデメリット」が大きければ，「変革しない場合の他人のデメリット」，「変革しない場合の組織全体のデメリット」を過小に見積もるといわれている．そのような認識のゆがみを補正する役割も期待できる．

3 活用主体

3.1 チェンジ・エージェント

　ワークシートとガイドラインは，主にチェンジ・エージェントにより，活用されることを想定している．現実的には，プロジェクトマネージャーやプロジェクトマネジメントオフィスのメンバーが活用することもあると考えられる．そのような場合でも，ワークシートを活用する際は，チェンジ・エージェントの役割を意識して実施されることが望ましいと考えられる．つまり，チェンジ・エージェントは変革を導入する側であるプロジェクト側と，変革を導入される側であるステークホルダーのどちらでもあり，どちらでもない中間的役割を意識することが望まれる．日本においては，チェンジ・エージェントは，チェンジという言葉を避け，展開担当，コミュニケーション担当などと呼ぶケースもある．

3.2 チェンジ・エージェントの適性

　チェンジ・エージェントは，主に米国の応用社会学や応用行動科学の世界で発展した概念である．チェンジ・エージェントの概念を，変革のプロセスに関与する組織の内部，あるいは外部のプロフェッショナル（プラクティショナー＝実践家やコンサルタント），特に行動科学者と考えられてきた．チェンジ・エージェントは，企業や組織の内部の構成員による「内部チェンジ・エージェント」と，企業や組織の変革を外部からサポートする「外部チェンジ・エージェント」の2つに分けられる．内部チェンジ・エージェントは，変革の対象となる組織内にあって，必要な一連の業務を担当する専任の人またはグループである．トップ自らその任にあたる場合と，戦略的に位置づけられた部署や組織，機関が推進する場合がある．一方，外部チェンジ・エージェントは，クライアントの課題解決において，そのコンセプト策定から実行に移すまでのプロセスを，一貫して支援していく組織外の専門家と定義されている．

　それに対して，ロジャーズ（1990）はブラジル69，ナイジェリア71，インド108の村を対象とした農業普及に関するチェンジ・エージェントの役割の研究を行う．そして，専門的知識が高くなると，人々と異質な人物となり，チェンジ・エ

ージェントとして機能しないと分析する．そのうえで，組織内部の文化に適応できる人がチェンジ・エージェントに適するとした．そしてチェンジ・エージェントの役割は以下の7つとする．

①変化への欲求を高める．
②情報交換関係を確立する．
③普及対象者たちの問題を診断する役割．
④普及対象者たちに変化への意欲をもたせる．
⑤変化への意欲を行動に変える．
⑥採用行動を定着させ，採用中止を防ぐ．
⑦普及対象者との最終的関係をつくり上げる．

ワークシートと本ガイドラインとの作成にあたり行った，チェンジ・エージェント経験者へのインタビューから，チェンジ・エージェントの適性は以下のように考えられる．

・様々な人々の意見を聞く柔軟性がある人
・環境の変化を常に敏感に感じられる人
・コミュニケーション能力のある人
・現場の実際がわかる人
・現場の人の気持ちがわかる人
・専門能力よりも現場での行動力の高い人

上記のように考えると，専門能力も必要であるし，相手の気持ちになって考えて行動や言動ができるコミュニケーション能力も必要なのであろう．その2つの能力に適性をもつ人を，チェンジ・エージェントに任命することが望まれるところである．

4 分析対象

ワークシートは，変革プロジェクトにおける主にユーザーを想定したステークホルダーの抵抗をプロジェクト実施の事前に予測するためのものである．主にユーザーとしたのは直接のユーザー以外にも，変革を強く推進すべき変革プロジェクトのオーナーの一員である経営層のステークホルダーでも抵抗は発生する可能性があるからである．ステークホルダーの抵抗として考慮する必要があるのは，現場の部門のユーザー代表として要求定義などのために参加しているプロジェクトメンバーも同様である．

5 活用手順

5.1 KPI定義から新旧KPI比較ワークシート活用までの流れ

構想段階において，変革プロジェクトの目的，その目指す青写真，業務改革の内容などの構想策定が同時に進行しており，それらの成果を取り込んで旧KPI調査，新KPI定義が可能であることを想定している．その流れの概要図が以下となる．

現状KPI調査分析 → 新KPI定義 → 新PDCAサイクル定義 → KPI関係分析 → 新旧KPI比較 → ステークホルダー抵抗分析

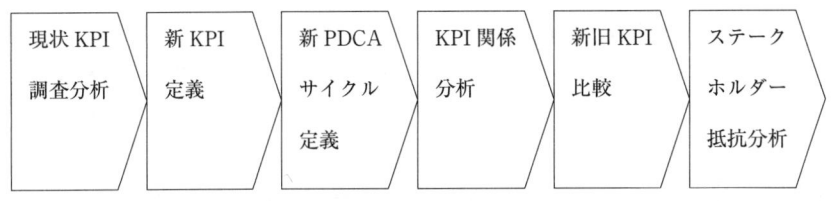

図付I-1 KPI定義から新旧KPI比較ワークシート活用までの流れ

5.2 新，旧のKPI定義について

KPI定義は，企業全般における業務知識と財務会計，管理会計の知識を基盤にして情報システムでどのようなデータが現実的に取得可能かの知識などの，高度なスキルを必要とする．しかし，KPIデータベースなどが公開されている[1]ため，KPI定義のテンプレートとして利用することも考えられる．そして，KPIを企業戦略から定義していくワークシートとして確立されたものとしては，バランススコアカード（BSC）や方針管理などがあり，それらで定義されたワークシートを活用することで定義することができる．

5.3 新旧KPI比較ワークシート利用手順

抵抗の予測は，以下の点を考慮して行う．
・KPIが増加していること
・KPIの質的内容が変化していること
・結果（財務）指標からプロセス指標に変化していること

---

1 たとえば次のようなHPがある．
 http://www.sap.com/solutions/businessmaps/index.epx
 http://kpilibrary.com/categories/scor

- 分析の頻度や範囲が広くなること
- 部門よりも個人の業績評価の変化を重視すること

　これらは，業績評価項目がこれまでより増加して，より厳しく監視されること，それまでステークホルダーが隠してきた，不効率な業績評価項目が，新しく追加されたりすることを考慮するためである．

　そして，点数づけは極力ステークホルダーを特定して実施する．同一部門内の同一職種であれば，グルーピング化して点数づけを行う．

KPI 項目
- KPI が量的に増加していれば，その増加した KPI 数をポイント化する．
- KPI の内容が質的に，変化していなければ1ポイント，変化していれば3ポイント，結果（財務）指標からプロセス指標に質的に変化していれば5ポイントとする．

Check 項目
- 分析される軸である分析種類が増えていれば，その増加した数をポイント化する．
- 財務的な分析以外のものが追加されていれば，質的に変化しているとして5ポイント，変化していなければ1ポイントとする．

Action 項目
- アクションが量的に増加していれば，その増加した数をポイント化する．
- アクションが財務数値の改善からプロセス改善に変化していれば5ポイント，変化していなければ1ポイントとする．

分析頻度項目
- 分析頻度のレベルが，年，半期，四半期，月次，旬次，週次，日次と上がるレベル数でポイント化する．たとえば年が，月次になっていれば3ポイントとなる．
- 分析頻度のレベルが週次以上の高頻度になっていれば，質的に変化したとして5ポイントとする．それ以外は1ポイントとする．

分析単位項目
- 分析単位が増えていればその数をポイントとする．
- 分析単位が部門や地域，会社間をまたいで広がったり，財務的な分析単位である勘定単位のみから非財務単位が追加されている場合には，質的に変化したとして5ポイントとする．それ以外は1ポイントとする．

個人指標かどうか

- 業績を組織ごとに測定する状況から，個人別に測定する状況に変化した場合に5ポイントとする．つまり個人の成果主義が徹底されることを意味する．これについては影響をより重視するのであれば，10ポイント計算することもありうる．年功主義をながらく重視してきた企業が成果主義にするために，新情報システムを導入するのであれば，この項目を重くみたほうがよいとも考えられる．

そして，合計得点から抵抗度合いを予測する．

  6〜9点：抵抗は予測されない
  10〜19：弱い抵抗が予測される
  20〜29：抵抗が予測される
  30〜39：強い抵抗が予測される
  40〜　：非常に強い抵抗が予測される

以下の表付 I-1 が，最終的に作成される新旧 KPI 比較ステークホルダー分析結

表付 I-1　新旧 KPI 比較ステークホルダー分析結果

組織	個人	新旧／量質	KPI	Check	Action	分析頻度	分析単位	個人指標かどうか	
販売	Aさん	旧→	・売上高（財務）	・予実分析	・予算の見直し	・年次	・製品別	組織のみ	
		新→	・予測精度 ・商談効率 ・顧客満足度指数 ・販売サイクル時間 ・契約の成否率 ・販売時間率	・精度分析 ・効率性分析 ・時間分析 ・確率分析	・予算方法の改善 ・商談方法の改善 ・新規顧客開発方法検討 ・既存顧客深掘方法検討 ・営業間接業務の改善	・期別，四半期別，月別，週次	・販売拠点ごと ・販売地域別 ・国別 ・顧客別 ・販売担当別 ・製品別	個人指標化する	
		量的	5	3	4	4	5		21
		質的	5	5	5	5	5	5	30
		合計	10	8	9	9	10	5	51
マーケティング	Cさん	旧→	・キャンペーン／イベント費用予算・実績対比（財務）	・予実分析	・予算の見直し	・年次，半期	・勘定科目（科目名キャンペーン費用）単位	組織のみ	
		新→	・チャネル別／カテゴリー別キャンペーン／イベント収益率	・仮説検証 ・効果分析	・チャネル見直し ・カテゴリー見直し ・キャンペーン／イベント方法改善	・キャンペーン期間ごと，月次	・勘定科目（費用，売上，利益）単位 ・担当者別	個人指標化	
		量的	0	1	2	0	3		6
		質的	5	5	5	5	5	5	30
		合計	5	6	7	5	8	5	36

注：サンプルを付録 II に添付している

果となる.

6 成果物

以下の表付 I-2 が，KPI 定義から新旧 KPI 比較の作業により作成される成果物となる.

表付 I-2 新旧 KPI 比較ワークシート成果物

	構想段階の成果物	実施時の用途	抵抗への施策効果
1	旧（現状）KPI 一覧	新 KPI を作成する際の参考	・現状に留まるデメリットの明確化
2	新 KPI 一覧	変革プロジェクトの憲章の一部	・目標の具体化・詳細化 ・新たな共通の目標の創出
3	新 KPI による新業務（PDCA）構想	変革イメージの具体化	・変革目標の現場への落とし込み ・変革するメリットの明確化
4	現状 KPI 関係図	現状の全社と各部門の戦略の不整合，各部門の KPI のコンフリクトを抽出	・現状に留まるデメリットの明確化 ・認知的不協和への対応
5	新 KPI 関係図	変革プロジェクトの憲章の一部	・変革目標の客観的合理性提示
6	新旧 KPI 比較	新旧 KPI の変更点の明確化による影響分析	・個別・個人的デメリットの識別 ・抵抗発生可能性の識別
7	システムから取得できる新 KPI とその優先順位	プロジェクト内プログラムマネジメント	・優先順位・システム構想の明確化
8	新旧 KPI 比較にもとづくステークホルダー分析結果	抵抗ステークホルダーの特定と抵抗原因分析と対応策の策定	・抵抗勢力識別と事前対策案

本作業における独自の成果物は，表の一番下の「8. 新旧 KPI 比較にもとづくステークホルダー分析結果」となる．それについては，付録 II に添付してあるので参照してほしい．それ以外の成果物については，KPI 定義の通常の成果物のため，バランススコアカードや方針管理のガイドを参照してほしい．

7 新旧 KPI 比較分析結果の活用による抵抗への対処

7.1 変革への抵抗

実際に予測された変革に対するステークホルダーの抵抗には，次のような行動

や態度が予想される．

- ・指示を忘れる
- ・依頼事項の先送り
- ・病気による欠勤
- ・病気による遅刻
- ・病気による早退
- ・定時または定時前に，いつの間にかいなくなる
- ・席にはほとんどいない
- ・携帯に連絡してもつながらない
- ・うつ病
- ・単純ミスの増加
- ・無気力
- ・無関心
- ・無反応
- ・無視
- ・メールや通達書類の未読・無視
- ・表面だけの合意
- ・多忙や病気を理由に要求定義作業への不参加
- ・要求定義作業への非協力
- ・要求定義作業からの逃避
- ・プロジェクトへの誹謗中傷の流布
- ・プロジェクトメンバーへの誹謗中傷の流布
- ・プロジェクト資料の紛失・盗難
- ・プロジェクト機器の破損・破壊
- ・会議の妨害・紛糾
- ・会議での無発言
- ・会議の欠席
- ・会議に，新人を代理として参加させる
- ・秘密主義
- ・闇夜の暴漢

チェンジ・エージェントへのインタビュー調査から得られた，変革プロジェクトにおける実際の抵抗の現象が，上記である．また，変革への心理的抵抗につい

て述べられている研究書としては，古川久敬の『組織デザイン論―社会心理学的アプローチ』（誠信書房，1988年）があげられる．

　ステークホルダーが，これらの行動や態度になった場合には，要求定義作業は困難を極め，プロジェクトの後半には仕様変更だらけになる．それは，プロジェクトの最終的なQCD（品質，コスト，納期）が，みるも無残な結果となることを意味する．プロジェクトメンバーに病人が出るかもしれない．これらの状況が現れるということは，次のように解釈することができる．公式の会議のような表立った場において，反対意見をいうステークホルダーがいないということは，組織全体のことを考えて行動する人がいないような企業文化である可能性を考えなければならない．沈黙の抵抗をする人が多いということは，反対意見を表立って表明することは，忠誠心がないとみなされるため，個人のリスクが高すぎると考えているかもしれない．そして，個人の利害を優先する人ばかりなので，自分だけが組織全体のことを考えて損をしたくないと考えているかもしれない．つまり，個人の利害ばかりを強く優先する企業文化が，浸透しているということを想定しなければならない．

7.2　抵抗への対処

　本ガイドラインの取り扱う範囲は，変革プロジェクトに抵抗感の強い可能性のあるステークホルダーを特定し，その抵抗の度合いを予測することにある．しかし，最後に抵抗への対処について，ヒントを述べておきたい．

　変革のメリット，会社にとっての重要性を訴えることの必要性は，多くの変革のカリスマたちが述べている．しかし，内容が正しいかどうかだけでは，人は説得されないであろう．人は相手のことを信頼していなければ，その内容を信じないといわれている．それでは，相手を信頼して変革のメリットに対して納得するためには何が必要であろうか．社会心理学の研究によると，説得力は2つの要因により生じることを実証している．1つは専門的な能力である．最先端の経営手法などによる変革であれば，その内容に対する卓越した知識をもつ必要があるということである．もう1つは，「相手を説得してやろうという意図のなさ」であるという．つまり，「中立性」である．変革自体を常に客観的に冷静にみて，そのメリット，デメリットを深く理解し正直に両方を公表することである．この2つが説得力を生じさせる要因だとする．チェンジ・エージェントは，そのような行動規範を求められていることを理解しなければならない．

　変革がもたらす，総論的なメリットだけではなく，個々人のステークホルダーにとっての痛みである業績評価項目の追加や変更があることを明示し，それがス

テークホルダーにとり辛いことであることを理解し，今後は，どのように変化に適応したらいいのかを，一緒に考える必要がある．それは，チェンジ・エージェント経験者たちが，振り返って強く主張することである．

また，変革への抵抗に対する施策についての学術論文として次が参考になろう．

古川久敬（1991），「構造こわしと集団・個人の学習」組織科学，25(1)，10-21．

古川久敬（1992），「組織変革と習慣的ルーティン」九州大学教育学部紀要（教育心理学部門），37(1)，11-19．

8　継続的改善について

ワークシートおよびガイドラインのようなプロジェクトマネジメント方法論は，チェンジ・エージェント経験者により実用性の観点，有用性の観点，プロジェクト成功の可能性を高めるかどうかの観点により，プロジェクトマネジメント方法論として妥当性を評価しているが，仮説であると考えている．そのため実用により検証し，その内容を改善していく必要がある．ついてはワークシートとガイドの利用にあたっては，作成者に質問や支援のご依頼を是非頂戴したい．また利用結果についての忌憚のないご意見やその問題点をご指摘いただきたい．それにより継続的に改善し，より有効なものにしていきたいと考えている．

参考文献

古川久敬（1988），『組織デザイン論-社会心理学的アプローチ』誠信書房．
古川久敬（1991），「構造こわしと集団・個人の学習」『組織科学』25(1)，10-21．
古川久敬（1992），「組織変革と習慣的ルーティン」『九州大学教育学部紀要（教育心理学部門）』37(1)，11-19．
ロジャーズ，E. M.（著），青池愼一・宇野善康・浜田とも子（訳）（1990），『イノベーション普及学』産業能率大学出版部．

付録

Ⅱ. 新旧 KPI 比較ステークホルダー分析結果サンプル

組織	個人	新旧／量質	KPI	Check	Action	分析頻度
販売	Aさん	旧→	・売上高（財務）	・予実分析	・予算の見直し	・年次
		新→	・予測精度 ・商談効率 ・顧客満足度指数 ・販売サイクル時間 ・契約の成否率 ・販売時間率	・精度分析 ・効率性分析 ・時間分析 ・確率分析	・予測方法の改善 ・商談方法の改善 ・新規顧客開発方法検討 ・既存顧客深掘方法検討 ・営業間接業務の改善	・期別，四半期別，月別，週次
		量的	5	3	4	4
		質的	5	5	5	5
		合計	10	8	9	9
生産	Dさん	旧→	・製造原価（財務）	・予実分析	・予算の見直し	・年次，半期
		新→	・生産計画精度 ・改善予算精度 ・設備稼働率 ・製造間接コスト ・製造サイクルタイム ・製品在庫回転率 ・部品在庫回転率	・精度分析 ・効率性分析 ・時間分析 ・確率分析	・生産計画プロセス見直し ・改善プロセス見直し ・製造間接部門の改善 ・在庫計画プロセス見直し	・年次，半期，四半期，月次，日次
		量的	6	3	3	3
		質的	5	5	5	5
		合計	11	8	8	8
マーケティング	Cさん	旧→	・キャンペーン／イベント費用予算・実績対比（財務）	・予実分析	・予算の見直し	・年次，半期
		新→	・チャネル別／カテゴリー別キャンペーン／イベント収益率	・仮説検証 ・効果分析	・チャネル見直し ・カテゴリー見直し ・キャンペーン／イベント方法改善	・キャンペーン期間ごと，月次
		量的	0	1	2	0
		質的	5	5	5	5
		合計	5	6	7	5
経理	Bさん	旧→	・決算日程順守率 ・記帳精度	・予実分析 ・精度分析	・業務改善	・年次，半期
		新→	・連結決算日程順守率 ・子会社の記帳精度	・予実分析 ・精度分析	・業務改善指導	・年次，半期，四半期，月次，日次
		量的	0	0	0	0
		質的	3	1	3	5
		合計	3	1	3	5
総務	Bさん	旧→	・間接経費予算達成率（財務） ・業務精度	・予実分析 ・精度分析	・業務改善	・年次，半期
		新→	・間接経費予算達成率（財務） ・サービスレベル達成率	・予実分析 ・サービスレベル分析	・業務改善	・年次，半期
		量的	0	0	0	0
		質的	1	1	1	1
		合計	1	1	1	1

付録Ⅱ　新旧KPI比較ステークホルダー分析結果サンプル

分析単位	個人指標かどうか	ポイント計		予想	予想基準ポイント
・製品別	組織のみ				
・販売拠点ごと ・販売地域別 ・国別 ・顧客別 ・販売担当別 ・製品別	個人指標化する				
5			21		
5	5		30		
10	5		51	非常に強い抵抗が予想される	50〜
・勘定科目（原価科目）単位	組織のみ				
・製品別 ・顧客別 ・ライン別 ・プロダクトマネジャー単位	・小集団グループのみ				
3			18		
5	1		26		
8	3		46	強い抵抗が予想される	40〜49
・勘定科目（科目名キャンペーン費用）単位	組織のみ				
・勘定科目（費用，売上，利益）単位 ・担当者別	個人指標化				
3			6		
5	5		30		
8	5		36	抵抗が予想される	30〜39
・勘定科目単位	経理部のみ				
・勘定科目単位 ・セグメント単位	経理部のみ				
0			0		
5	1		18		
5	1		18	弱い抵抗が予想される	10〜19
・勘定科目単位 ・業務単位	部門単位				
・勘定科目単位 ・サービス単位	グループ単位				
0			0		
1	1		6		
1	3		8	抵抗が予想されない	6〜9

参考文献

欧文文献

Axelrod, R. (1984), *The Evolution of Cooperation*, Basic Books.

Axelrod, R. (1997), *Advancing the Art of Simulation in the Social Science. Simulating Social Phenomena*, Springer.

Donovan, J. J. & Williams, K. J. (2003), "Missing the Mark : Effects of Time and Causal Attributions on Goal Revision in Response to Goal-performance Discrepancies," *Journal of Applied Psychology*, 88(3), Jun, 379-390.

International Project Managemnet Association Editional Committee (1999), *ICB—IPMA Competence Baseline version 2.0*, International Project Management Association.

Klein, G., Jiang, J. J., & Tesch D. B. (2002), "Wanted : Project Teams with a Blend of IS Professionals Orientation," *Communications of the ACM*, 45(6), 81-87.

Landau, S. F. (1975), "Future Time Perspective of Delinquents and Nondelinquents," *Criminal Justice & Behavior*, 2, 22-36.

Lewin, K. (1942), *Resolving Social Conflicts* (*Selected Papers on Group Dynamics*), Harper & Brothers（末永俊郎（訳）(1954),『社会的葛藤の解決—グループダイナミックス論文集—』東京創元社).

Lewin, K. (1951), *Field Theory in Social Science* (*Selected Theoretical Papers*), Harper & Brothers.（猪股佐登留（訳）(1979),『社会科学における場の理論（増補版）』誠信書房).

Lippitt, R., Watson, J., & Westley, B. (1958), *Dynamics of Planned Change*, Brace.

Martiny, M. (1999), "Knowledge Management at HP Consulting," *Organizational Dynamics*, 27(2), 71-77.

Mentzer, J. T. & Moon, M. A. (2005), *Sales Forecasting Management 2nd Ed*, Sage Publications.

Orlikowski, W. (1992), "Learning from Notes : Organizational Issues in Groupware Implementation," Proceedings of the Third Conference on Computer. Supported Cooperative Work.

PMBOK (Project Management Institute Standard Committee) (1987), *PMBOK Guide* (*A Guide to the Project Management Body of Knowledge*) , PMI.

PMBOK (Project Management Institute Standard Committee) (1996), *A Guide to the Project Management Body of Knowledge*, PMI.

PMBOK (Project Management Institute Standard Committee) (2000), *A Guide to the Project Management Body of Knowledge 2000 Edition*, PMI.

PMBOK (Project Management Institute) (2005), *PMI Standards Committee A Guide to the Project Management Body of Knowledge (PMBOK Guide) 3rd Edition*, Official Arabic Translation.

PMBOK (Project Management Institute) (2009), *PMI Standards Committee A Guide to the Project Management Body of Knowledge (PMBOK Guide) 4th Edition*, Official Arabic Translation.

Rice, A. K. (1958), *Productivity and Social Organization, the Ahmedabad Experiment*, Tavistock Publications.

Rickel, J. & Johnson, W. (1999), "Virtual Humans for Team Training in Virtual Reality," in Proc. of the Ninth International Conference on Artificial Intelligence in Education, 578-585.

Robbins, R. N. & Bryan, A. (2004), "Relationships between Future Orientation Impulsive Sensation Seeking and Risk Behavior among Adjudicated Adolescents," *Journal of Adolescent Research*, 19, 428-445.

Roberts, J. (2005), *The Modern Firm : Organizational Design for Performance and Growth*, Oxford University Press（谷口和弘（訳）（2005），『現代企業の組織デザイン―戦略経営の経済学』NTT出版）.

Scott Morton, M. S. (ed.) (1991) *The Corporation of the 1990s: Information Technology and Organizational Transformation*, Oxford University Press.

Teece, D. J., Pisano, G., & Shuen, A. (1997), "Dynamic capabilities and strategic management," *Strategic Management Journal*, 18, 509-533.

Tichy, N. M. (1974), "Agent of Planned Scocial Change : Congruence of Values, Cognitions, and Actions," *Administrative Science Quarterly*, 19(2), 64-82.

Traum, D. & Rickel, J. (2002), "Embodied Agents for Multi-party Dialogue in Immersive Virtual Worlds," in Proc. of the First International Conference on Autonomous Agents and Multi-agent Systems, 766-773.

Trist, E. L. & Bamforth, K. W. (1951), "Some Social and Psychological Consequences of the Longwall Method of Coal Getting," *Human Relations*, 4, 3-38.

Trist, E. L. (1963), *Organization al Choice*, Tavistock Publications.

Trist, E. L. & Emery, F. (1969), "Socio-tehchnical Systems," in F. Emery (ed.) *Systems Thinking*, Penguin.

Tuckman, B. W. (1965), "Development Sequence in Small Groups," *Psychological Bulletin*, 63, 284-399.

和文文献

IPA（情報処理推進機構）（2006），『ITスキル標準V2　2006』独立行政法人情報処理推進機構ITスキル標準センター，経済産業省．

IPA（情報処理推進機構）（2011）『ソフトウェア開発データ白書2010-2011』独立行政法人情報処理推進機構，ソフトウェア・エンジニアリング・センター．

青井倫一（2009），『星野リゾート―リゾート運営の達人を目指して』慶応義塾大学ビジネ

ス・スクール.

赤尾洋二（1988），『方針管理活用の実際』日本規格協会．

アクセルロッド，R.（著），松田裕之（訳）（1998），『つきあい方の科学―バクテリアから国際関係まで』CBS出版．

アーサー，B. W.（著），ダイヤモンドハーバードビジネス（訳）（1997），『複雑系の経済学』ダイヤモンド社．

足立卓也・水野修・菊野亨・高木徳生（2002），「プロジェクトマネージャへのアンケートに対する因子分析に基づいたソフトウェア開発コスト推定モデルの提案」『電子情報通信学会技術研究報告ソフトウェアサイエンス』101(628)，17-24．

阿部謹也（2002），『世間学への招待』青弓社．

アパレルウェブ，ニュース（2011.7.14），「震災復興を目指す東北コットンプロジェクト発足」(http://www.apalog.com/news/archive/3757)．

池田友和・南野謙一・阿部昭博・渡辺慶和（2002），「情報システムの失敗モデルについての一考察」経営情報学会2002年度秋季全国研究発表大会．

池田清彦（1998）『構造主義科学論の冒険』講談社学術文庫．

池田清彦・西條剛央（2006），『科学の剣哲学の魔法―対談構造主義科学論から構造構成主義への継承』北大路書房．

石井信明（2006），「プロジェクト過程のステークホルダー意識変化とマネジメント」情報システム学会第1回発表大会予稿集，A-05-1．

泉井力・森健一（1995），「リーダーシップ行動の新次元とリーダーの気質―小集団活動の活性化要因に関する実証的研究（1）」『日本経営工学会誌』46(4)，346-354．

伊丹敬之（2012），『経営戦略の論理〈第4版〉―ダイナミック適合と不均衡ダイナミズム』日本経済新聞出版社．

岩室宏（2002）『セル生産システム』日刊工業新聞社．

歌代豊（2007），『情報・知識管理インフォメーション・マネジメント―ITとナレッジマネジメント』学文社．

榎田由紀子・松尾谷徹（2005），「Happiness & Activeチームを構築する実践的アプローチ」『プロジェクトマネジメント学会誌』7(1)，15-20．

エビングハウス，H.（著），宇津木保（訳）（1978）『記憶について―実験心理学への貢献』誠信書房．

長田洋（1998），「戦略的方針管理のコンセプトとフレームワーク」『品質』28(1)，156-168．

長田洋・内田章・長島牧人（1996），『TQM時代の戦略的方針管理』日科技連出版社．

小野善生（2006），「リーダーシップの役割分担とチーム活動活性化の関係についての考察―エーザイ株式会社アルツハイマー型痴呆療養薬「アリセプト」探索研究チームの事例より」『経営行動科学』17(3)，185-196．

小原重信（2000），「実践科学認識論における事例素材の知識系形成への適用基準と方法」プロジェクトマネジメント学会研究発表大会予稿集2000（秋季），108-114．

小原重信・浅田孝幸・鈴木研一（2004），『プロジェクト・バランス・スコアカード（P2Mシリーズ）』生産性出版．

加護野忠男・井上達彦（2004），『事業システム戦略―事業の仕組みと競争優位』有斐閣．
加登豊（2004），「管理会計による競争優位性の獲得と維持」『管理会計学』12(1)，35-45．
鎌田真由美（2000a），「小規模システム開発プロジェクトの特徴―グループウェアによるシステム開発プロジェクトの分析」プロジェクトマネジメント学会2000年度春季研究発表大会予定稿集，131-136．
鎌田真由美（2000b），「品質管理手法を適用した小規模システム開発プロジェクトの分析」プロジェクトマネジメント学会2000年度秋季研究発表大会予定稿集，51-56．
狩野裕（2002），「構造方程式モデリングは，因子分析，分散分析，パス解析のすべてにとって代わるのか？」『行動計量学会』29(2)，138-159．
河合忠彦（2012），『ダイナミック競争戦略論・入門―ポーター理論の7つの謎を解いて学ぶ』有斐閣．
川﨑和彦（2001），「SIプロジェクトと戦略的組織におけるリーダーシップに関する考察」プロジェクトマネジメント学会2001年度秋季研究発表大会予稿集，3-6．
北中英明・高田朝子・横田絵里（2004），「ビジネス教育におけるエージェント・ベースト・アプローチの教育的効果についての予備的一考察」『経営行動科学』17(3)，159-172．
城戸康彰（1986），「小集団活動が参加者の意識・行動に及ぼす効果―小集団活動効果の日米比較」『経営行動科学』1(2)，91-100．
キャプラン，R. S. & ノートン，D. P.（著），櫻井通晴（訳）（2001），『キャプランとノートンの戦略バランスト・スコアカード』東洋経済新報社．
金翰局・飯島淳一・包捷（2003），「システム統合における障害発生に対する分析枠組みの提案」経営情報学会2003年春季全国研究発表大会予稿集，408-411．
倉田良樹（2005），「情報サービス産業における日中国際分業の一側面」一橋大学大学院社会学研究科・総合政策研究室情報化・サービス化と外国人労働者に関する研究 Discussion Paper No. 1．
栗山敏（2005），「合意形成に基づく情報システムの有効性評価法の提案」『産業経営研究』27，1-15．
鐵健司（1984），『TQMとそのすすめ方』日本規格協会．
小林知巳・高橋聡・國上真章・吉川厚・寺野隆雄（2011），「組織逸脱と改善の分岐条件とそのハーネシングに関するエージェントシミュレーション」『電子情報通信学会論文誌』D情報・システム，J94-D(11)，1825-1835．
サウアー，C.（著），沢田芳郎・宇都宮肇・鈴木整（訳）（1995），『情報システムはなぜ失敗するか―事例研究アプローチ』日科技連出版社．
相良博喜・谷本潤・萩島理（2004），「マルチエージェントシミュレーションを適用したプロジェクトマネジメントのモデル化」日本計算工学会 Transactions of JSCES, Paper No. 20040031．
産業能率大学総合研究所ソリューションシステム開発部組織変革研究プロジェクト（2005），『チェンジ・エージェントが組織を変える組織変革実践ガイド―トップと現場をつなぐ組織変革の実践的方法論』産業能率大学出版部．
ジェイコブス，J.（著），香西泰（訳），（2003），『市場の倫理統治の倫理』日本経済新聞

出版社.
島田達巳（1991）『情報技術と経営組織』日科技連出版社.
末永國紀（2004），『近江商人学入門―CSR の源流「三方よし」』サンライズ出版.
高須久（1997），『方針管理の進め方―方針書の作成から展開方法』日本規格協会.
高橋伸夫（1996），『未来傾斜原理―協調的な経営行動の進化』白桃書房.
竹田昌弘（1998），「複雑系科学と組織研究―シミュレーションによる組織の解明」『情報処理学会研究報告』98(4), 111-118.
谷武幸（1990），「業績管理会計システムと経営戦略」『国民経済雑誌』162(5), 67-83.
塚原堅（2008）「情報システムのライフサイクルマネジメントに関する研究」筑波大学博士（システムズ・マネジメント）学位論文，平成 20 年 3 月 25 日.
妻木俊彦・白銀純子・大西淳・本位田真一（2009），『要求工学概論―要求工学の基本概念から応用まで』近代科学社.
寺野隆雄（1997），「学習するエージェントとその組織的問題解決」『オペレーションズ・リサーチ』9 月号，22-27.
寺本義也・中西品（2001），『知識社会構築と理念革新―価値創造』日科技連出版社.
独立行政法人労働政策研究・研修機構（2004），「成果主義の普及は職場をどう変えたか―労働者の働く意欲と雇用管理のあり方に関する調査結果」平成 16 年 7 月（http://www.jil.go.jp/kokunai/statistics/doko/h1607/index.html）.
遠山暁（2007），「今後の情報経営研究と情報技術」『日本情報経営学会誌』28(1), 4-13.
富田茂（2004），「医療分野における社会情報システムの開発について」『プロジェクトマネジメント学会誌』6(5), 23-26.
豊福晋平（2000）「複雑系とマルチエージェントモデル」（http://www.i-learn.jp/eduwoods/abs/）
鳥海不二夫・山本仁志（2011），「ソーシャルメディアにおける協調の進化」JAWS2011 予稿集.
中田尚・山田真嗣・樋口潔・松尾谷徹（2001），「チームビルディングとパートナー満足度（PS）」プロジェクトマネジメント学会 2001 年度秋季研究発表大会予稿集，171-173.
中西晶（2003），「ナレッジマネジメントにおける情報技術」『情報技術と企業経営』学文社.
日経ビジネス（2007. 1. 15），「特集 YKK ―知られざる「善の経営」」
野中郁次郎・竹内弘高（著），梅本勝博（訳）（1996），『知識創造企業』東洋経済新報社.
畠中伸敏・長田洋（2000），「戦略的方針管理におけるコア・コンピタンスの獲得を最大にする組織形態」『品質』30(2), 72-83.
PMI（著），PMI 東京支部（訳）（2006），『プロジェクトマネジメント プリンシプル』アイテック.
引地一将（2006）「ソフトウェア開発プロセスにおける定量的管理指標の導入支援」奈良先端科学技術大学院大学情報科学研究科情報システム学専攻 2006 年度修士論文.
ピーターズ，T. J. & ウォーターマン，R. H. Jr.（著），大前研一（訳）（1983），『エクセレント・カンパニー―超優良企業の条件』講談社.
P2M（プロジェクトマネジメント導入開発調査委員会）（2001），『P2M プロジェクト &

プログラムマネジメント標準ガイドブック』財団法人エンジニアリング振興協会.

P2M（小原重信・プロジェクトマネジメント資格認定センター）(2003),『P2M プロジェクト＆プログラムマネジメント標準ガイドブック（上・下巻）』PHP 研究所.

P2M（プロジェクトマネジメント資格認定センター）(2004),「プロジェクト・プログラム・マネジメント人材育成プログラム開発事業調査報告書副読本 P2M による企業イノベーション」66-79, 経済産業省.

P2M（プロジェクトマネジメント資格認定センター）(2005),『P2M による企業イノベーション』平成 14 年度プロジェクト・プログラム・マネジメント人材育成プログラム開発事業調査研究報告書〈副読本〉.

P2M（日本プロジェクトマネジメント協会）(2007),『新版 P2M プロジェクト＆プログラムマネジメント標準ガイドブック』日本能率協会マネジメントセンター.

フェスティンガー, L.（著）末永俊郎（訳）(1965),『認知的不協和の理論—社会心理学序説』誠信書房.

福田舞（2008),「現代青少年の逸脱行動と背景要因の検討—時間的展望に着目して」『人間文化創成科学論叢』11, 329-337.

不条理なコンピューター研究会（著）, 日経コンピューター（編）(2006),『IT 失敗学の研究—30 のプロジェクト破綻例に学ぶ』日経 BP 社.

ヘーゲルⅢ世, J. & シンガー, M.（著）, 小西龍治（訳）(2001),『ネットの真価—インフォミディアリが市場を制する』東洋経済新報社.

保坂裕子（2004),「アクション・リサーチ」無藤隆他（編）『質的心理学』新曜社, pp. 175-181.

マローン, T. W.（著）, 高橋則明（訳）(2004),『フューチャー・オブ・ワーク』武田ランダムハウスジャパン.

三隅二不二（1978),『リーダーシップ行動の科学』有斐閣.

宮入小夜子（2005),「企業変革におけるスタッフ部門のチェンジ・エージェント機能」『日本橋学館大学紀要』4, 77-86.

三輪智子・澤田芳郎（1998),「情報システムの「失敗」について—サウアーモデルの再検討」『情報処理学会研究報告 情報システムと社会環境研究報』98(92), 1-8.

ミンツバーグ, H., ランペル, J., & アルストランド, B.（著）, 斎藤嘉則・奥沢朋美・木村充・山口あきも（訳）(1999),『戦略サファリ—戦略マネジメント・ガイドブック』東洋経済新報社.

村上陽平・杉本悠樹・石田亨（2006),「仮想訓練システムのためのエージェントのモデル構築」『人工知能学会論文誌』21(3)C, 243-250.

モンク, E. & ワグナー, B.（著）, 堀内正博・田中正郎（訳）(2006),『マネジメント入門—ERP で学ぶビジネスプロセス（改訂第 2 版）』ビー・エヌ・エヌ新社.

山影進（2007),『人工社会の可能性人工社会構築指南—artisoc によるマルチ・エージェント・シミュレーション入門』書籍工房早山.

山岸俊男（2008)『日本の「安心」はなぜ, 消えたのか—社会心理学からみた現代日本の問題点』集英社インターナショナル.

山口裕幸（2000)「電子コミュニケーション・システム導入が組織の創造的情報処理過程

にあたえる影響」『電子通信普及財団報告書』15, 72-79.

山戸昭三（2005），「PMO 活動におけるコミュニケーションマネジメントの役割」『プロジェクトマネジメント学会誌』7(1), 9-14.

山本仁志・岡田勇（2011），「社会的ワクチン―裏切りによる協調の進化」『電子情報通信学会論文誌』D 情報・システム J94-D(11), 1836-1846.

ルーマン，N（著），土方昭（訳）（1992），『エコロジーの社会理論―現代社会はエコロジーの危機に対応できるか?』新泉社．

レヴィン，K.（著），猪俣佐登留（訳）（1956），『社会科学における場の理論』誠信書房．

ロジャーズ，E. M.（著），青池愼一・宇野善康・浜田とも子（訳）（1990），『イノベーション普及学』産能大学出版部．

渡部雅男・寺野隆雄（2008），「プロジェクトマネジャーの指示遅れによる生産性へのインパクト―エージェント・ベース・シミュレーションによる分析」『経営情報学会誌』17(2), 21-38.

東北コットンプロジェクト　ホームページ（http://www.tohokucotton.com/）．

索引

事項 欧文

Action 95
BSC 50, 51, 85
Business Intelligence (BI) 83
CEO 86, 148
Check 95
Corporate Identity (CI) 159
Corporate Social Responsibility (CSR) 158
Customer Relationship Management (CRM) 21, 24, 55
CXO 86
Dynamic Capability (DC) 5
Enterprise Archtechture (EA) 2
Enterprise Resource Planning (ERP) 6, 21, 80, 90, 106, 107, 139, 150
Key Performance Indicator (KPI) 11, 50, 79, 94, 176
MAS 13, 40, 65, 105, 107, 115
PDCA サイクル 51, 94
PM 機能 129, 131, 134
Project BSC (PBSC) 50
Project Mission 1, 141
QCD 1, 142, 155, 156, 168
Sales Force Automation (SFA) 21, 25
SCM 26
Service Oriented Architecture (SOA) 107
7S 5
Supply Chain Management (SCM) 107
Total Cost Ownership (TCO) 141
Total Quality Control (TQC) 50
Total Quality Management (TQM) 11, 50, 84, 152
Uniqueness 1
United Technologies Engineering Coordination Activities (UTECA) 24

事項 和文

あ行

アウフヘーベン（止揚） 167
アナロジー 41, 118
イノベーション 66
イノベーション普及モデル 43
インセンティブシステム 51
売り手よし 155
影響逸脱モデル 43, 116
オープン・ネットワーク 7
オペレーション 6, 9
オペレーション組織 22, 53, 137
親分子分関係 144

か行

懐疑的な人 67
懐疑の人 69
買い手よし 155
学習コミュニティ 22
企業文化 65
技術指向性 38, 162
狭義のプロジェクトステークホルダー 9, 80
業績測定システム 51
業績評価指標 163, 176
原価企画 164
コア・コンピタンス 51
広義のプロジェクトステークホルダー 9
構造化面接法 109
顧客関係性管理 24
個人指標 96
個別性 1
コンベア生産方式 60

さ行

賛成の人 67, 68
三方よし 17, 155, 157, 158, 168
指示 PM 129
市場の倫理 160
社会―技術システム論 63, 64
社会組織指向性 38, 162
社会的責任 17, 155
社会的ワクチン 43
社会変革 66
集権的構造 19
重要業績評価指標 11
主要業績評価指標 79
商人道 158
情報処理パラダイム 21
ジレンマ 55, 58, 63, 64
ジレンマ解消 63
ジレンマの人 67, 69
新旧 KPI 比較 92, 175
新旧 KPI 比較ワークシート 92
新旧 KPI 比較ワークシート利用ガイドライン 175
信頼関係 23
スキーマフレームワーク 145
ステークホルダーの抵抗 61
ステークホルダー分析マトリクス 33
ステークホルダー・マネジメント 149
成果主義人事評価 12

索引 199

世間 158, 161
世間よし 155
説得PM 130
セル生産方式 60
善の循環 166
戦略的方針管理 51
総合的品質管理 11, 84
組織開発 31
組織的知識創造理論 21
組織変革 22
組織変革マネジメント方法論 139

た行

ダイナミック・ケイパビリティ 5
タスクフォース 28
種まき方式 56
チェンジ・エージェント 9, 14, 47, 66, 74, 79, 87, 99, 143, 144, 153, 179
チェンジマネジメントチーム（オフィス） 153
チェンジマネジメントリーダー 153
チェンジマネジャー 139, 143
チェンジレディネス分析 29
知識フレームワーク形成・ステップ法 81, 104
チーム発展段階 145
チームビルディング 36
摘み取り方式 56
抵抗 11, 12, 13, 184
抵抗勢力 149
統治の倫理 160
特定使命 1, 141
トリレンマ 155, 156, 162

な行

情けは人のためならず 160
7つのS 5
ナレッジマネジメント 20
ナレッジマネジメントツール 21
ニュートラルな人 67, 68

は行

排除PM 130
パートナー満足 36
バランススコアカード 85
反対の人 67, 69
不確実性 1
複雑系 41, 45, 108
武士道 160, 167
不適応 11, 12, 13
不適応メンバー 107
プログラムマネジメントオフィス 153
プログラムマネジャー 153
プロジェクト 9
プロジェクトステークホルダー 8, 46, 79
プロジェクトマネジメントオフィス 153
プロジェクトマネジャー 9
プロジェクトメンバー 9
分権化 23
分析単位 95
分析頻度 95
ベストプラクティス 12, 30
変革受容率 71
変革ジレンマへの対処方法検討フレームワーク 59, 60, 62
変革のシナリオ 3
変革の受容 67
変革の非受容 67
変革非受容率 71
変革不適応 107, 108, 110, 111
変革プロジェクト 8, 90
変革プロジェクト（狭義） 10
変革プロジェクト（広義） 10
変革プロジェクトシミュレーション 14
変革プロジェクトジレンマ分析マトリクス 58, 60, 62
変革プログラムチームシミュレーション 118
変革プロジェクト（狭義）のマネジメント 10
変革プロジェクト（広義）のマネジメント 10
弁証法 167
忘却曲線 77
方向性共有率（の式） 124
方針管理 50, 85

ま行

マルチ・エージェント・シミュレーション 13, 40, 65, 105
未来傾斜原理 44
メタ規範モデル 43, 116
メタ報酬 43
モチベーションの谷 149
モラルのバイナリー（二股）・コード 167

や行

有期性 1
ユーザー指向性 38, 162
良い実務慣行 12

ら行

リーダーシップ 42
利他性 159
利他的行動 160, 167
率先行動PM 129
類比 118

人名・組織名　欧文

Axelrod, R.　44
Bamforth, K. W.　63
Emery, F.　63
HP コンサルティング　21
IPA　1, 2, 31
Johnson, W.　42
Klein, G.　38, 39
Lewin, K　47
Lippitt, R.　47, 48, 66
Martiny, M.　21
Mentzer, J. T.　26
Moon, M. A.　26
Orlikowski, W.　20
P2M　1, 14, 29, 50, 81, 139, 152, 169
PMBOK　1, 12, 14, 29, 53, 81, 101, 107, 109, 139, 169
PMI　30, 31
Rice, A. K.　63
Rickel, J.　42
Scott Morton, M. S.　19
Tavistock Institute of Human Relation　63
Teece, D. J.　6
Tichy, N. M.　144
Traum, D.　42
Trist, E. L.　63
Tuckman, B. W.　145
United Technologies Corporation（UTC）　23

人名・組織名　和文

あ行
青井倫一　164
赤尾洋二　50
アクセルロッド，R.　43
アーサー，B. W.　45, 108
足立卓也　34
阿部謹也　161
伊丹敬之　3
岩室宏　60
ウォーターマン，R. H. Jr.　5, 28
歌代豊　24, 25
榎田由紀子　37
エビングハウス，H.　77
岡田勇　43

長田洋　51, 85
小原重信　50, 81, 82

か行
加登豊　51
鎌田眞由美　35
河合忠彦　6
北中英明　43
キャプラン，R. S.　11, 51, 84
鐵健司　50
倉田良樹　34
経済産業省　29, 50
構造計画研究所　14
小林知巳　44

さ行
相良博喜　41
サンタフェ研究所　45, 108
ジェイコブズ，J　160
自動車メーカーA社　164
島田達巳　26
情報処理推進機構　31
シンガー，M.　7
末永國紀　159, 161

た行
高須久　50
高橋伸夫　44
竹内弘高　20
竹田昌弘　45, 108
谷武幸　51
タビストック人間関係研究所　63
鳥海不二夫　43
塚原堅　54
妻木俊彦　46
寺野隆雄　40, 42
寺本義也　21, 23
統計数理研究所　159
東北コットンプロジェクト　165
遠山曉　4
独立行政法人情報処理推進機構　1
独立行政法人労働政策研究・研修機構　12, 85
豊福晋平　41

な行
中田尚　35
中西昌　21
中西昌　21, 23
日本プロジェクトマネジメント協会　29
ノートン，D. P.　11, 51, 84
野中郁次郎　20

は行
畠中伸敏　51
引地一将　35
ピーターズ，T. J.　5, 28
古川久敬　186, 187
米国プロジェクトマネジメント協会　30
ヘーゲルIII世，J.　7
星野佳路　164
星野リゾート　163

ま行
松尾谷徹　37
マローン，T. W.　7, 27
宮入小夜子　50, 83
ミンツバーグ，M.　3
村上陽平　42
モンク，E.　83, 84

や行
山影進　43
山岸俊男　159
山口裕幸　20
山戸昭三　34
山本仁志　43
ユナイテッド・テクノロジーズ社　23
吉田忠雄　166

ら行
ロジャーズ，E. M.　43, 48, 49, 66, 179, 187

わ行
ワグナー，B.　83, 84
渡部雅男　42

著者紹介

野間口 隆郎（のまくち　たかお）
和歌山大学経済学部准教授　ビジネスマネジメント学科・大学院経済学研究科経営学専攻（2012年4月より）．
博士（システムズマネジメント・筑波大学）．
名古屋商科大学経営学部・大学院マネジメント研究科客員教授，桃山学院大学経営学部経営学科非常勤講師，大分大学大学院工学研究科非常勤講師（現在）．

1966年1月　東京都武蔵野市生まれ
1992年3月　慶応義塾大学経済学部経済学科卒業
2002年3月　中央大学大学院法学研究科国際関係法専攻修士課程修了
2004年9月　中央大学大学院国際会計研究科国際会計学専攻専門職修士課程修了
2012年10月筑波大学大学院ビジネス科学研究科企業科学専攻システムズマネジメントコース博士後期課程修了

〈主要業績〉
「P2MとERP導入プロジェクトにおける組織変革マネジメント」『国際プロジェクト・プログラムマネジメント学会誌』第3巻，第2号，pp. 37-45, 2009年．
「変革プロジェクトのジレンマエージェント・シミュレーション」『情報処理』第51巻，第5号，pp. 536, 2010年．
「変革プロジェクト構想におけるステークホルダーKPI定義」『国際プロジェクト・プログラムマネジメント学会誌』第5巻，第1号，pp. 181-191, 2010年．
「eビジネスと商人道」『NUCB journal of economics and information science』第56巻，第2号，pp. 120-130, 2012年．
「変革プロジェクトのリーダーシップに関するシミュレーション」（共著）『経営行動科学』第25巻，第1号，pp. 1-17, 2012年．
「経営者とプロジェクトマネジャー」『NUCB journal of economics and information science』第57巻，第2号，pp. 131-140, 2013年．

変革マネジメントの理論と実践
―プロジェクトリーダーシップの役割

和歌山大学経済学部
研究叢書　24

平成25年9月26日　初版発行

著　者　野間口　隆郎
発行者　大矢　栄一郎
発行所　株式会社　白桃書房
〒101-0021　東京都千代田区外神田5-1-15
☎03-3836-4781　℻03-3836-9370　振替00100-4-20192
http://www.hakutou.co.jp/

© Takao Nomakuchi 2013 Printed in Japan　ISBN978-4-561-26604-4 C3734　シナノ

本書のコピー，スキャン，デジタル化等の無断複製は著作権法上での例外を除き禁じられています。本書を代行業者等の第三者に依頼してスキャンやデジタル化することは，たとえ個人や家庭内の利用であっても著作権法上認められておりません。

JCOPY〈(社)出版者著作権管理機構　委託出版物〉
本書の無断複写は著作権法上での例外を除き禁じられています。複写される場合は，そのつど事前に，(社)出版者著作権管理機構（電話03-3513-6969, FAX03-3513-6979, e-mail：info@jcopy.or.jp）の許諾を得てください。

発刊のことば

和歌山大学経済学部研究叢書

　学問の世界のきびしさ。それはいまさら説くまでもない。一刻，一刻が精進であり，ある困難な問題ととり組んだとき，文字どおり寝食をも忘れた生活である。この修練に耐えうるのは，一つには，研究の成果をまとめて公けにする，という喜びがあるからである。ところが，出版の世界では学問の世界においてとは別な，営利の法則がきびしく支配している。学問的価値と営利的価値とは，必ずしも一致しない。「9年間お前の机の中に蔵っておけ nonum prematur in annum」ということは，ローマ人には通用しても，動きの早い今日の時代では，これを望むことは無理なことである。この矛盾を解決して，研究への熱意をあおり立てようというのが，本叢書発刊の主な理由である。

　あたかも，ことしの秋，われわれの学園では，和歌山大学開学10周年と，その経済学部の前身である和歌山高等商業学校の創立35周年とを記念して，祝典があげられることになっている。そのさい，酒を酌んで喜びを分ちあうことも，たのしいことである。それと併せて，この叢書の刊行により新たな礎石を加えることによって，将来の発展をもたのしみたいのである。

　　　　昭和34年10月

　　　　　　和歌山大学経済学部研究叢書刊行委員会代表

　　　　　　　　　　　　後　藤　　清

和歌山大学経済学部研究叢書

滝野邦雄著
李光地と徐乾學　　　　　　　　　　　　　本体価格 3000 円
　―康熙朝前期における党争―

辻本勝久著
交通基本法時代の地域交通政策と
持続可能な発展　　　　　　　　　　　　　本体価格 3500 円
　―過疎地域・地方小都市を中心に―

柳　到亨著
小売商業の事業継承　　　　　　　　　　　本体価格 3300 円
　―日韓比較でみる商人家族―

大泉英次著
不安定格差の住宅市場論　　　　　　　　　本体価格 3200 円
　―住宅市場のガバナンスのために―

東京　白桃書房　神田

本広告の価格は本体価格です。別途消費税が加算されます。